スタッフを活かし育てる女性店長の習慣

「愛される店長」がしている8つのルール

Shibata Masataka
柴田 昌孝

同文舘出版

はじめに

「最近のスタッフは、注意するとすぐに『辞めさせてください』というのです……」

店長たちから、このような相談をよく受けます。

確かに、注意をしたら「店長は私のことをわかってくれない」と腹を立てたり、「私にはこの仕事は無理です」といったりして退職するスタッフがたくさんいるのは事実です。

辞めていくスタッフは、さまざまな理由をいいます。

「家の事情で辞めさせてください」
「販売ではない仕事をしたいので、退職したいんです」
「土日に休みがある仕事に転職したいので、退職させてください」

しかし、ここでよく考えてほしいのです。

辞めたいといってくるスタッフの「本当の退職理由」は何でしょう。

前述した退職理由が本当の理由である場合も多々あります。しかし、実際には退職理由の

8割が人間関係の不満だそうです。

ここで私が注目したいのは、店長に対して不満があって辞めたい場合です。彼ら、彼女たちは、「店長が嫌なので、辞めさせてください」とはまずいいません。

退職理由は、たいてい違う理由にすり替えられています。

私の経験では、**離職率の高い店では、店長が退職理由になっている場合が大変多い**のです。

スタッフの定着率を上げていくために、店や会社はさまざまな福利厚生を用意し、スタッフのやりがいを高めようとします。しかし、定着率を上げ、スタッフが働きたい店、スタッフが輝く店をつくる本当の秘訣は、福利厚生などの制度の充実ではありません。

なによりも**店長自身が「愛される店長」になればよい**のです。

「店長は孤独である」。こういう店長がいます。また、「店長はあえて嫌われ役を買って出なくてはならない」という店長もいます。

たいてい、こういう店長の店はスタッフの定着率が悪く、うまくいっていない店が多いのです。私には、この言葉がうまくいっていない自分を慰める言葉にしか聞こえないのです。

店長は憎まれ役や嫌われ役ではいけません。それが店長の仕事だなんて本末転倒です。

店長が憎まれたら、スタッフは共感してくれず、ひとつにまとまりません。

店長が憎まれたら、スタッフは指導を非難ととらえます。

店長が憎まれたら、スタッフは仕事が嫌になっていきます。


もし、「店長の仕事は嫌われ役を買って出るのが仕事だ」といわれたら、あなたは店長をやりたいですか？　私は、絶対に嫌です……。


私は現在、レディスファッションとメンズファッションの店、あわせて35店以上の店を経営しており、これまで100名以上の店長を育成してきました。

そして2004年より、駅ビルやファッションビル等の全国の商業施設で販売員や店長育成のセミナー講師をさせていただき、そこでたくさんの店長と接してきました。

その中で、顧客が多くて売れる店（＝お客様から愛される店）や、スタッフの定着率がよく、いきいきとスタッフが働く店（＝スタッフから愛される店）には、共通点があったのです。


それは、**「愛される店長」**がいるということです。

ただここで勘違いしないでください。

愛される店長とは、スタッフに媚びる店長、スタッフに気を遣い過ぎる店長、スタッフに単に優しい店長、ではありません。また私は、お客様だけから支持される店をよい店だとは思っていません。

スタッフからもお客様からも愛される店長の具体例を通じて、その原則を形にしたいと思い、本書を書きました。

店長の仕事とは、「スタッフをまとめて、店一丸となって売上をつくること」です。店の人間関係が売上を左右しているといってもいい過ぎではありません。

店長の悩みのほとんどを占めるのが、スタッフとの人間関係です。業務上の悩みはとても少ないはずです。例えば、このような悩みはありませんか。

●スタッフを育成できない
●スタッフの気持ちがわからない
●スタッフとどうコミュニケーションをとればいいのかわからない
●スタッフが自分の陰口をいっている

- スタッフとの関係が悪くて店の雰囲気が悪い
- スタッフの定着率が悪い
- 頑張れば頑張るほど孤独になる

このような悩みを抱える店長には、この本に必ずヒントがあります。

また、店長のみならず、これから店長になろうとする方や、組織のリーダーの方、ショップの経営者にも必ず役に立つヒントになると思います。

店がうまくいかないのは、店長が愛されていないからかもしれません。

リーダーは、あえて嫌われ役を買って出る必要はないのです。

愛される店長になったほうが、スタッフは育ち、お客様がやって来ます。

だから、あなたも愛される店長になりましょう！

この本があなたを愛される店長に変えてくれると信じております。

柴田　昌孝

目次●「愛される店長」がしている8つのルール

2章　愛される店長のコミュニケーション

3章 愛される店長がしているスタッフ育成のルール

4章　人間関係のトラブルを解決する

5章

信頼される店長が愛される

6章

スタッフを活かす店づくり　チームづくり

8章　愛される店長の「自分磨き」の習慣

カバーデザイン・新田由起子（ムーブ）
本文DTP・マーリンクレイン

1章

スタッフから愛される店長はうまくいく

□愛される店長に必要なもの

この本を手に取っていただいたあなたは、ひょっとして、

「私は店長に向いていないのかなぁ」

「スタッフとのコミュニケーションがうまくとれない」

「若いスタッフの考えていることがよくわからない」

「店長として孤立している気がする」

このような悩みがあって、この本を手に取られたのではないですか？

または、はじめて店長に抜擢され、

「よし、これから頑張って店長をやるぞ！」

と意気揚々と、手に取られたのかもしれませんね。

それとも、心の準備ができていないのに急に店長に指名され、

「店長に指名されたけど、どうしたらいいの？」

と、不安な気持ちを持ちながらこの本を手にされたかもしれません。

どちらにしても、現在店長の方、これから店長になる方、店長を目指している方が、本書を手にしてくださったことに違いないと思います。

私はこれまでに、のべ100人以上の店長を育て、SHIBUYA109や駅ビルをはじめとする全国の商業施設に講演でまわり、大勢の店長たちと接してきました。

店長向けの講演で、私は必ず次のシンプルな質問をしています。

「**理想の店長に必要なモノはなんですか？**　もちろん正解・不正解はありませんので、ひとりひとつずつ答えてください」

するると返ってくる答えは、以下のようなものです。

- **リーダーシップがある**
- **思いやりがある**
- **尊敬できる点がある**
- **部下のよい点を見つける**
- **実行力がある**
- **気配りをする**
- **嘘をつかない**

●スタッフを平等に接する
●楽しそうに仕事をする
●偉そうにしない

だいたいどこの会場でもこのような答えが出てきます。これを読んでどうでしょうか。出てくるのは、「人間性」の部分ばかりだと思いませんか?

「売上が高い店長」、「数字に強い店長」、「経験年数が長い店長」、なんて出てきませんよね。

そうです。理想の店長とは、〝**人間力**〟のある店長なのです。そのような理想の店長は必ずスタッフから愛されています。

しかし、ここで間違えないでください。スタッフから愛される店長とは、叱らない店長ではありません。スタッフを褒めてばかりいる店長でもありません。

むしろ、叱り方がうまい店長や褒め方がうまい店長の場合が多く、**スタッフを活かすのがうまい**、そんな人間力の詰まった店長たちなのです。

そうして、スタッフを育成し、お客様に喜んでいただける店をつくり出している店長です。

本書では、そんな愛される店長たちが実行している、スタッフとの接し方や育成法を事例と共に紹介していきます。

きっと、この本を手に取られたあなたの、店長としての悩みを解決するヒントになると思います。また、これから新任の店長として働いていく希望に満ちているあなたの、そのやる気を具現化する方法が必ず詰まっています。

スタッフのやる気を引き出し、いきいきとした店をつくるのに、そんなに難しく考える必要はありません。

私は、決して理想論を語りたいわけではありません。教科書やテキスト的な難しいこと、堅苦しいことは一切書きません。本書にあるのは、具体的な実例と、実践から導き出した「原則原理」です。それを、わかりやすく解説していきます。

すべての答えは、あなたのちょっとした考えの切り替え方と、ちょっとした方法でつくり上げられるのです。

□満を持して新任店長になった人はいない

店長の方は今一度、あなたが店長になったときの状況を思い出してみてください。きっと、次のような状況だったのではないでしょうか。

- 前任の店長が退職や転勤となり、店長に抜擢された
- 新規出店が決まり、その新店の店長に抜擢された
- 他の店へ突然異動となり、同時に店長に抜擢された
- 一念発起、独立して、自分の店の店長をすることになった

さまざまな理由があるでしょうが、たいていはこのような理由で、あまり心の準備ができないうちに店長になるケースがほとんどではないでしょうか。

そうです。**突然の店長職**です。

私も35店舗の経営者として、店長はころころと変えるわけにはいかないと思っています。ですから、店長が変わるときは、たいていい何らかの事情があり、急きょ、仕方なく変える場

合がほとんどです。

新規出店の場合も、何年も前から決定するわけではありません。たいていオープンのギリギリまでテナントやメーカーとの交渉は長引き、最終決定はオープンの直前になります。

そして会社は、店長職ができる人材がいるから、その人のために出店するわけではありません。「新規出店をするから、急きょ店長に任命！」というケースがほとんどなのです。

あなたが完璧に店長職ができるレベルだから、店長に抜擢されるということはほとんどないといっても過言ではありません。

店長に抜擢されてから、店長としての成長の第一歩が始まるのです。

あなたは、店長としてまだまだ未知数で、期待半分で店長になったかもしれませんが、これだけは覚えておいてください。

「会社は、あなたに何か感ずるものがあったからこそ、店長に指名した」という事実です。

それは、人をまとめる力かもしれませんし、引っ張る力かもしれません。または、どんな人にも憎まれないムードメーカー的性格かもしれません。いやいや、厳しいこともはっきりといえる性格が買われたのかもしれません。いずれにしても、何かあなたの持ち味があるから選ばれたのです。

とにかく、「店長ができない」人には、店長という職は絶対に転がり込んできません。これは私の経験上、はっきりとしている事実なので覚えておいてください。

あなたは「店長ができる人」と判断されたからこそ、任されたということを。

□「店長なんてなりたくない症候群」

「私は将来、店長になりたいとは思わないんです」

我が社にも、このようにいう若いスタッフが増えました。そして、彼女たちは続けます。

「あんなに忙しい役職ですよ。店長っていつも大変そうだし……、私には無理です」

私がはじめて販売員になった25年前、それこそ誰もが「店長」という職に憧れていました。いつかは店長になりたい！　そのためには、しっかり販売を覚え、店長の真似をして、1日でも早く店長に近づきたいと仕事をしていました。

しかし、最近は、「店長になりたい」というスタッフが激減しているのです。私からすれば、店長という目標を持たないスタッフたちは、何を目標に仕事をしているのだろうと思ってしまいます。

その大きな原因のひとつは、店長の魅力の欠如があげられると思います。

つらそうに仕事をしている店長の姿を見て、「あんな将来は嫌」と思ってしまうのです。

●売上が思うように上がらず、焦っている店長
●スタッフに陰口をいわれている店長
●休日も出勤で、ほとんど休めない店長
●(店長の)上司の不満をスタッフに愚痴る店長
●スタッフに気を遣って叱れない店長
●いつもカリカリして仕事が楽しそうに見えない店長
●ネガティブな発言が多い店長

これでは確かにスタッフは店長になりたいとは思わないでしょう。

私が、店長に最も伝えたいのがここです!

あなたが「愛される店長」になる目的は、あなたが輝き、「店長になりたい」というスタッフをつくることなのです。

□呉服チェーンのこわい凄腕店長たち

私は大学卒業後、全国に呉服チェーンを展開する「やまと」に就職しました。販売員が2000人近くもいる大手チェーン店で、当時、凄腕といわれる販売員の方々がたくさんいる「販売の精鋭カンパニー」といっても過言ではありませんでした。

学生時代からメンズショップのアルバイトで販売をしていた私は、就職先は自分を売り込むことが問われる高額品販売をしたいと希望し、呉服販売の道に就きました。

新入社員としてのはじめての配属先は、大阪にある難波シティという地下街のショップでした。そこで当時30歳のK店長と出会うのですが、いきなりいわれた言葉が……、

「販売という仕事は、最初は絶対に売れへん。だから、お前も最初の3年は給与泥棒みたいなもんや。先輩に食わせてもらっていると思うて、仕事すること。その先輩への恩は、自分が売れるようになってから返していくんや。わかったか」

そういって豪快に笑っていました。「えらいとこに来ちゃったな……」というのが、私の本音でした。

そんなK店長の信念は、昔の演歌歌手・三波春夫のフレーズのごとく、「お客様は神様です」

でした。

とにかく、この信念がぶれません。店頭で販売員同士がちょっとした雑談をしていたら、

「何やっとんねん！　店は我々が話す場でなく、お客様と話す場なんや！」

と一喝する具合。

また、販売員が無表情でお客様と会話しているのを見ると、呼び出され、

「お客様に笑顔が出えへんのやったら、帰ってええわ。はよ、帰れ！　続きの接客は○○さんにやってもらうから」

といった具合（怒られて、よけい笑顔ができなくなった私は本当に帰らされました）。

怒ったら、怒りっぱなしで（叱ったらフォローするのが当たり前の今のマネジメントでは、信じられませんが）、怒られた理由は自分で探せ！　ということなのでしょう。

しかし、答えはすぐに見つかりました。K店長の口癖は、「お客様のため」だったからです。「お客様のために怒っている」ことがすぐにわかったのです。

怒ってもフォローなし、決してスタッフに媚びず、たまにしか褒めない。辞めたいといったら、間違いなく「どうぞ」といわれそうな存在感。正直なところ、今の社会通念だったら、スタッフはみんなすぐに辞めてしまいそうですが、それでも当時「やまと」内では大阪で最

もスタッフの定着率が高い店でした。

なぜスタッフたちは辞めなかったのでしょう。それは、その店の判断や叱咤のすべてが「お客様のため」が原則だったからです。

店でのすべての判断が、お客様のためであること。
店長のすべての言動が、お客様のためであること。

とにかく「お客様のため」ということがぶれずに仕事の信念とする、スタッフに媚びない「こわい店長」。怒鳴っても、フォローしなくても、店は繁盛し、スタッフは辞めていかなかった事実。時代は違いますが、普遍的にこの「お客様第一主義」をぶらさない凄腕店長たちは、「愛される店長」といえるのではないでしょうか。

□任せる勇気と見守る忍耐でスタッフを育てる

私は富山県の人口1万人の小さな町、井波町（現・南砺市）で、婦人洋装店の息子として生まれました。小さい頃から父と母が、店で販売する姿を見ながら育ったのです。

母親は、その店を年間売上1億2千万円の繁盛店にし、ひとりで1億円も売るスーパー販売員でした。

朝の9時に開店し、夜の9時までずっと販売をしていた母親の姿が記憶にあります。ときには、夜中まで販売をしていました。店の休日は月に2回。しかし、その日も仕入れにあて、元旦以外はすべて仕事をしているスーパーウーマンでした。

店は、父と母、それにパートさんが2人という4人構成でやっていたのですが、母親は、いつもそのパートさんたちのことを父親に相談していたような記憶があります。

つまり、なかなかパートさんたちが育たなかったのです。

1億円プレーヤーの販売員がいれば、パートさんもその背中を見て育っていくのが当たり前のような気がします。しかし、実際はまったく育たず、いつまで経っても母親の売上だけが突出していました。

今考えれば、その答えは明白です。母親は、何でも自分でできるスーパーウーマンですから、販売やその他の作業でもパートさんができないことが許せなかったのです。自分でやれば早いし、成果も出る。しかも完璧に物事が進みます。

そうです。パートさんが育たないのは、母親の責任だったのです。

パートさんに仕事を任せては見るものの、せっかちな母親は、自分と同じようにできないパートさんを黙って見ていることができなくて、結局は自分でやってしまうということを繰り返していたのです。

「相手に任せるより、自分がやったほうが早くて成果が出る」。しかし、これではスタッフは育ちません。

部下に任せられない。だから育たない。そして、母親はそんなパートさんに悩んでいました。私は、その悪循環に気づいていましたが、なかなか母親にはいえずにいました。なぜなら、決して悪気があったわけではないからです。それに、それがよくないことに母自身も気づいていたのです。

近年、母親も足を少々悪くして病院に通うようになりました。必然的に店を空けることも多くなりました。そこで、パートさんに頼らざるを得なくなったのです。

これまでのように、自分がバリバリとすべてをできなくなった、人の手を借りて店を運営していかねばならなくなったという、母親も気づいていたことを、ようやく実行し始めたのです。

そして、やらせてみて指導するようになりました。すると、パートさんの定着率が上がり、パートさんの成果が出始めました。そして、成果が上がって母親もパートさんを認め始めるという好循環ができたのです。

「名選手、名監督にあらず」これは、スポーツの世界でよくいわれる言葉ですが、この言葉は、そのまま店にもあてはまります。

店長には、任せる勇気と見守る忍耐が必要なのです。

□長所からいう愛される店長と短所からいう嫌われる店長

東京都内の駅ビルで、30名ほどの店長に講演させてもらったときのことです。

「部下育成」のテーマで、就任1年未満の店長たちに集まっていただきました。まだまだ店長歴の浅い方が中心でしたので、質疑応答も活発でした。そこで、店長就任3ヶ月の方からのこのような質問がありました。

「実は、スタッフとうまくいってないんです。注意したらムッとされて、その日はまったく近寄ってこなかったり、露骨に嫌そうな表情や態度をとるんです。どう接すればいいですか？」

なるほど。そこで私は、

「そのスタッフはどのような感じの方ですか？」

と聞きました。新任店長はこう答えます。

「そのスタッフは正直、売ろうという気持ちに欠けていて、どちらかというと人の意見を否定的にとらえるタイプなんです。だから、販売という仕事には向いてないのでは、と思ってしまうんです」

そこで再度私が聞きました。

「ところで、そのスタッフのいい点はありませんか？」

すると、

「うーん……」

その店長は考え込んでしまいました。


私はたくさんの店長と接してきましたが、スタッフの欠点から話す店長は、たいていスタッフとうまくいってない方が多いです。逆に、長所から話す店長は、うまくいっている場合が多いです。

これは、無意識に行なわれる対人関係の癖なのです。

私の見てきた**愛される店長のスタッフを見るときの特徴は「長所ありき」**なのです。長所から探す店長は、人間関係が圧倒的にうまくいっています。

その人の短所から探すか、長所から探すかで、無意識のうちに接し方は違ってきます。短所から探す店長は、スタッフを見下げたり、高圧的だったり、怒ったりしてばかりです。長所から探す店長は、**スタッフのいいところを伸ばそうという深層心理**が働いていますから、注意や指導をしても、どこかに温かみがあり、スタッフも納得するものです。

ぜひ今日からスタッフの長所を探す名人になってください。

あなたが意識してそれを習慣にすれば、必ず、相手の意識も接し方も変わるはずです。

□思い切って帰ってもらう！「人を活かす」ひとつの方法

私が店長だった頃の出来事を紹介します。正直、これが正しい判断かどうかは断言できません。その判断は読者のみな様に委ねます。

ただ、スタッフがいつも以上に頑張ってくれ、たくさんのお客様に喜んでいただいた結果をつくったことだけは事実です。

私が、郊外のショッピングセンターにはじめて出店したとき、スタッフは店長である私と、私の妻と、女性スタッフMさんの3人でした。

ちょうど、妊娠していた私の妻が体調不良で数日休むことになり、私とスタッフのMさん2人だけの出勤となった初日のことです。

朝、出勤してきたMさんは、見てすぐにわかるほど、まぶたが腫れていて、昨晩か今朝、とにかく泣き続けていたのがわかる顔をしていました。

すぐに私は、「Mさん！　どうしたの！　何かあったんか？」と聞きました。

しかし、Mさんは「店長、すみません。いや、何でもありませんから。大丈夫ですから」というばかり。

プライベートなことに突っ込んでいいものかと迷っていたのですが、あまりに普段の元気がないMさんに痺れを切らし、思い切って朝礼の後に何があったのか聞いてみました。

Mさんは、どう見ても元気がなく、覇気もまったくない表情で答えてきました。

「店長、本当にお恥ずかしい個人的な話なので……。店にご迷惑をおかけできないですし、お客様にはまったく関係ないことですから。とにかく気持ちを入れ替えて頑張ります」

そう答えるMさんですが、私はもう一度聞きました。

「いやいや、そんな元気のない顔で店頭に立ってもらっても、私も困るし、お客様にはもっとご迷惑がかかる。聞いても何もできんかもしれんけど、いうだけいってみてよ」

するとどうやら、遠距離恋愛中の結婚前提に付き合っている彼氏に不自然な言動が続いているらしく、昨夜そのことが原因で口論となり、朝まで泣きながら電話をしていたけれど、疑いが晴れないまま出勤してきたとのこと。

他人から見れば、カップルの喧嘩に過ぎないかもしれませんが、本人にしてみれば結婚も約束し合っているし、相当な心痛となっているようでした。そこで、私はこう聞きました。

「それで、Mさんは何をしたい？　このまま、そんな心境、そんな顔で店に立って、しっかりと販売ができるの？」

聞いてもMさんは、答えられません。

ここで、教科書通りの店長としてのアドバイスならば……、

「Mさんのプライベートは、お客様にはまったく関係のないこと。プロの販売員ならば、公私のけじめをはっきりとさせるメンタルの強さを持ちなさい。気持ちを切り替えられる強さ、それが今日のMさんに最も大切なこと。そして、それがMさんの成長だよ」

といって、叱咤激励するのが当たり前だということは私も重々わかっていました。

しかし、私の取った行動は正反対なものでした。

「Mさん！　わかった！　もう帰れ！　どっちみち、そんな気持ちで店頭に立っても、迷惑になる。会いに行って相手の気持ちを確かめたいんやろ！　だったら行ってきたらいい！　私ひとりで今日と明日は何とかする。その代わり、帰ってきたらこの2日分の売上、たんまり返してもらうからな！」

するとMさんの表情はみるみる変わりました。

「店長、いいんですか？　そんなご迷惑おかけして……」といいながらも、「ありがとうございます！」と少しすっきりした顔で店をあとにしました。

私はとにかく、この2日間は何が何でも予算をひとりで達成しようと頑張りました。そして、翌々日に大阪から帰ってきたMさんは、

「店長、ありがとうございました！　おかげ様でふっきれました。また今日から頑張ります！　ちゃんと2倍にしてお返しします！」

と、いい切りました。約束通り、Mさんはその月に個人予算の1・5倍を達成し、店も過去最高の月間売上を記録したのです。

教科書通りの対応は確かに大切です。しかし、あのときにMさんを鼓舞して店に立たせたとしても、きっと成果は出なかったでしょう。

この対応がベストだったというつもりはありませんが、**店長はときとして、その人のやる気を出させるためのベターな方法を取らねばなりません。**

なぜなら、お客様と接する仕事は、メンタルな部分が大きなウェイトを占める仕事だからです。それに店長には、スタッフを活かして結果を出させるという大切なミッションがあるのです。

ちなみにMさんはその2年後、遠距離恋愛を成就させ、今は3児の母親となって大阪に住んでいます。毎年、家族仲のよい年賀状が私の元に届きます。

□人間関係にマニュアルはない

1章をお読みいただき、本書でお伝えしたい「愛される店長」というものを少しわかっていただけたでしょうか?

世の中には、店長の業務マニュアルはたくさんあります。また、店舗運営の業務を解説した店長のための本も、たくさんあります。

ですが、店長のための「スタッフ対応マニュアル」というものはありません。それは、店長とスタッフとの対応には決まったルールがないからです。

例えば、褒めてばかりでまったくスタッフを叱れない店長でも困りますが、逆に、叱ってばかりで褒めることができない店長でも困ります。

すべてのスタッフに対して公平に対応しなくてはなりませんが、ときとして、個別に対応しなくてはいけない場面も多々あります。

臨機応変な対応力、相手の心境や状況に合わせた気配り、そしてバランス感覚を求められるのが、店長や上司の仕事なのです。

ですから、人間関係の対応マニュアルというものは存在しないのです。マニュアルとは、誰でもどんな状況においても、標準的な言動をするための基準や方法を記した文書のことを指します。誰もができる内容じゃないといけないわけです。業務に困ったとき、マニュアルを見れば、どんな店長でもチェックできる答えがあります。

しかし皮肉にも、**店長が最も悩み、解決法を知りたいのが、マニュアル化できない人間関係の対応**ではないでしょうか。

では、どうしたらいいのでしょうか？

答えはひとつ。

さまざまな「愛される店長たち」の対応事例を見ながら、その店長たちに共通する原則原理を学び、そこから応用をきかせて対応していくしかありません。

そこで、本書では、マニュアル化できない愛される店長の対応力を、実際の事例と共に取り上げました。

その根本にある「スタッフ育成の気づき」をつかみ、活かしてほしいと思います。

2章

愛される店長のコミュニケーション

□コミュニケーションは信頼の土台づくり

たくさんの愛される店長たちと接してきて、共通して感じることのひとつに、「スタッフとのコミュニケーションがうまい」ということがあります。

コミュニケーションは、店長とスタッフ間だけではなく、販売員とお客様との間にも必要ですし、**人との関係において、信頼を築くためのベース**といってもいいのではないかと思います。

ただ、ここで間違ってほしくないのは、コミュニケーション上手な人イコール雑談上手ではないということです。スタッフのご機嫌取りをする必要もありませんし、あえて無駄話をしなさいということでもありません。

これまでにも、「コミュニケーションは無駄だ」という店長は数名いましたし、飲み会を開くことや休日に遊びに行くことがコミュニケーションだと思い込んでいる店長もいました。

しかしコミュニケーションは、人間関係における信頼の土台づくりの最も重要なものなのです。

私は販売員への講演会でこういう質問をよくします。「どんな上司だったら怒られても素直に聞き入れますか？」というものです。

大半の答えが、「自分のことを理解してくれる上司」と返ってきます。

そして、部下を理解するための最大の方法がコミュニケーションをとることです。愛される店長たちは、そのことを理解しているから、コミュニケーションを大切にします。

2章では、そんな愛される店長のコミュニケーションのポイントを見ていきましょう。

愛される店長の「相手に伝わる」叱り方

私が呉服チェーン「やまと」に勤めていたとき、大尊敬する大澤さんという先輩がいました。その大澤さんが、私が勤務する店に上司として転勤でやって来られたときのことです。大澤さんは仕事に大変厳しく、部下指導もこわいことで有名でした。そんな噂のある方だったので、私たち部下は転勤早々、怒鳴られるのではないかとびくびくしていました。

しかし、大澤さんは、怒るどころかソフトに接してきます。「あれ？　噂と違うぞ」と少し肩透かしにあった気分でした。毎晩のように一緒に居酒屋へ行き、いろいろな話題でお話しをさせていただき、楽しい時間を過ごしました。

ところが、2週間ほど経ち、私がミスをしたときのことです。いきなり大澤さんから呼び出され、すごい剣幕で怒鳴られました。

「柴田！　ちょっと来い！　お前のことを伸ばしてやりたいからいわせてもらうけどな！」と徹底的に怒られました。

これが、噂のこわい指導だ！　やっぱり、こわい！　と思いましたが、私は大澤さんの怒っている理由、伝えたいことが不思議と素直に腹に落ちてきたのです。

後日、大澤さんはこうおっしゃいました。

「俺は、最初からは怒らない。最初から怒っても相手の心にスーッと入っていかないだろ。**まず、大切なのは人と人との信頼のベース（下地）をつくることだ。**それがないのに怒っても反発されるだけ。大切なのはまず互いを知り合うこと。そして、俺が怒る理由、俺の気持ちをしっかりと伝えてから怒る。それがあれば怒ろうが怒鳴ろうが、正しいことであれば、相手の心にスーッと入っていくもんだ。

うまくいかない人は、下地ができていないのに怒る人。そして説明せずにいきなり怒る人。だから、俺は転勤してから、まずみんなと毎日飲みに行って、下地をつくったんだよ」

なるほどと思いました。上司と部下の関係において最も大切なことが大澤さんの言葉にあったのです。

確かに、自分のことをわかっていない上司から怒られたら、怒られた内容がどうであれ、ムッとします。**怒られた理由よりも、怒られた事実しか頭に残らないでしょう。「なぜ怒られたのか」という一番肝心な部分が響かない**のです。

つまり、**怒るだけの人間関係の下地をつくっておかねば、怒る資格はない**といってもいいでしょう。

部下とうまくいかない上司は、部下との「人と人のつながり」がないからです。仕事だけのつながりの関係で、仕事の顔しか知らない場合がほとんどではないでしょうか。上司がまずはしないといけないのは、部下との下地づくりなのです。

そして、大澤さんのポイントは、怒る前にしっかりと怒る腹の内を話してくださいました。

「俺は、お前のことを1日でも早く一人前にしたいから怒る」と。

このひと言があるだけで、その後の言葉が腹にスッと落ちていくのです。愛のムチを感じることができたのです。

正しいアドバイスをしているのに、相手にわかってもらえない。ましてや、「怒られた」

としか思われないなんて、これこそ店長という仕事が嫌になってしまうパターンです。

その理由はやはり、相手との信頼というベースができていないからです。店長は、「叱る」指導をしなくてはならないときがあります。そのためにも、相手の心にしっかりと伝わる叱り方をしなければなりません。

指導とコミュニケーションは、切っても切れないワンセットであることを忘れてはなりません。

□誰もいってあげないことを教えてあげなさい

私の尊敬する前述の大澤さんは、私の耳が痛いことをずばりいってきました。

例えば、「柴田、お前ね、お客様からは単なる調子のいい店員と思われてるよ。だから、もっと信頼を得るために……」とか、「すぐに人の顔色をうかがう癖がダメだ」、「だいたいお前は楽な道と厳しい道があったら、絶対に楽な道を行くタイプだろ」、「いつも〝面倒くさい〟ことを避けているからダメなんだ」など、あげればきりがありません。

どれもこれも、耳が痛い言葉ばかり。しかも、すべて、当たっているだけに、ぐうの音も出ない。当初は、大澤さんといえどもひどいことをいうな、なんて思っていたこともありました。しかし、大澤さんはある夜、いつもの居酒屋でこうおっしゃいました。

「俺は柴田が好きだからな。だからこそ、誰もお前にいわない、最もお前のためになることをいってあげたいと思っているんだよ。まぁ、そうなると、たいていは苦言になっちゃうよな。だけど、誰もいってくれない苦言をいってくれる人こそがお前のことを一番よく思ってる人だってことを忘れるなよ。あー、よく飲んだな。さて帰るぞ！」

と席を立ったのです。

何だか、種明かしを聞いたようでした。

「誰もいってくれない一番大切なこと」をいってあげる。

これは確かに大切だと思いました。いいことは誰もがいってくれます。当たり障りのないことも誰かがいってくれます。

苦言をいう上司は、最初はきつく感じますが、よくよく考えれば、そんな上司こそ後で振り返ったときに最もありがたいと思える上司なのだと思いました。

本書にはこの後も大澤さんとのエピソードがたくさん出てきます。私がこれだけ大澤さんの話を書くのは、やはり、これまで出会ったどの上司よりも一番「誰もいってくれない大切なこと」を私にいい続けてくれたのが、大澤さんだったからに違いないと思っています。

相手が「周りからどう見られているか」を、的確にわかりやすく伝えてあげることは、あなたが愛される店長としてスタッフに慕われるためにとても大切な要素なのです。

□だから私はスタッフに感謝する

店長向けの講演をさせていただいたとき、店長たちからこのような悩みをお聞きします。

「スタッフが私のいうことを聞いてくれないのです。どうしたらよいですか」

そのとき私は、「なぜスタッフの方々があなたのいうことを聞いてくれないか、予想ができますか?」と問いかけます。そこで、たいていの店長は何も答えられなくなります。

そんなとき私は、「スタッフがいうことを聞いてくれないのは、あなたが『スタッフとはいうことを聞くものだ』と思っているからですよ」と答えています。

そんなことをいう私も30代の駆け出し社長だった頃、スタッフは思い通りになると思っていました。そして、社長としての私の思い通りにいかない日々に焦り、悩んでいました。いうことを聞かないスタッフのことを思うと、寝るに寝れない日もたくさんありました。

そんなとき、ある先輩社長に思い切って相談してみると、こう教えてくれました。

「スタッフを思い通りに動かそうと思うから悩むんだよ。いっそのこと、**思い通りに動かないから面白いくらいに考えなさいよ。そして思い通りに動いてくれたら感謝すること**だね」

翌日、私はノートを1冊買いました。そして、その夜からスタッフへの「**感謝ノート**」を作成しました。

普通のノートです。そこにスタッフの名前を書いて、そのスタッフのよい点や私が感謝している点を書いていったのです。

すると、これまで感じていたスタッフへの不満や苛立ちが、スーッと消えていったのです。もちろん夜もぐっすり眠れるようになりました。

結局はスタッフを認められなかった自分の考えが、視野を狭くし、自分を苦しめ、環境を悪化させていたのです。

それからも、腹が立ったときなどには、そのノートを見る癖をつけています。自分のため、スタッフのため、会社のために、このノートはとても役立っています。

悩んでいた当時、10人程度だった私の会社の社員は、今では140人を超えました。

きっと、「感謝ノート」がなかったら、スタッフが集まってくることはなかったでしょう。だから、私はスタッフに感謝するのです。

□「勉強しなさい！」という母親「ちゃんと勉強したよ！」と答える娘

母親「ちゃんと勉強しなさい！」
娘「ちゃんとしたよ！」
母親「あなたテスト前なのに、最近、全然勉強してないじゃない」
娘「えーっ、昨日もしたし、今日もしたって！」
母親「全然してないでしょ」
娘「えーっ、ちゃんとしてるよー、だから今日だけは遊びに行ってくるね」
母親「ちょっと待ちなさい！」

我が家で、妻と高校生の娘との間で日常的に繰り返されている会話です。この会話で2人の食い違いがなぜ生まれているのか気づきますか？

この会話には**共通のものさし**がないのです。例えば、こんな会話だったらどうですか？

母親「ちゃんと勉強しなさい！」
娘「ちゃんとしたよ！」
母親「あのね、私のいう〝ちゃんと勉強する〟っていうのは、毎日2時間勉強するということよ。昨日は何時間したの？」
娘「……1時間」
母親「でしょ！　だから今日は何時間するの？」
娘「……」

具体的なものさしを共有する指導は、双方にとって大変わかりやすい指導となります。ちゃんと勉強する」というあいまいな言葉は、母親と娘で認識に食い違いがあります。「ちゃんと勉強する」とは2時間程度のことと考える母親と、1時間程度の勉強だと考える娘。その違いが冒頭の会話の食い違いです。

店長たちからスタッフへの指示があいまいだから起こる誤解はよくあります。
例えば、スタッフに「明日は朝から陳列替えするから、いつもより早く出勤してきてね」というあいまいな指示をしていませんか。

そこで、スタッフは、いつもより10分早く出勤してきました。しかし、30分前には来てほしかった店長は「もっと早く来てほしかった」と注意します。しかし、それではせっかく早く来たスタッフは不満に思ってしまいます。

店長にとっての「早い出勤」と、スタッフにとっての「早い出勤」の感覚は違います。これは、指示の仕方が悪いのです。

ちゃんと正確な「ものさし指示」をしてあげましょう。

「明日は、朝から陳列替えをするから、30分前には出勤してね」と指示するのです。

もうひとつ例を出します。スタッフに、「ここはほこりが溜まりやすくて汚いので、しっかり掃除してね」という指示をします。

しかし掃除後、きれいになっていません。そこで、「ちゃんと、『しっかりと掃除してね』といったよね」と怒る店長。

「しっかりしましたけど……」と内心ムカッとするスタッフ。「しっかりとした掃除」という表現が互いにあいまいなのです。

そんなときの指示はこうしましょう。

「ここはほこりが溜まりやすくて汚いので、これくらいきれいに掃除しておいてね」と実際にあなたが拭いて実践し、「きれい」とはどんな状態を指すのかを示し、〝ものさし指示〟をしましょう。

部下に与える指示には、「共通のものさし」となる、数字や形、目で見える対応が常に必要なのです。お互いの感覚に任せていると、店長もスタッフも不満になります。

あなたの指示発言に「共通のものさし」は入っていますか？　それがないと円滑なコミュニケーションは図れないのです。

□スタッフ指導をスムーズにする魔法のいいまわし

私がレディスショップの店長だった時代、明らかにふくよかになっていく女性スタッフや、化粧が派手なスタッフ、もう少しおしゃれしたほうがいいのにと思うスタッフへ、どうやってそれを伝えるかに大変悩みました。男性の私が、ぽっちゃりしてきた女性に対し、「もう少し痩せたほうがいい」という容姿に対しての指導をすることにためらいがあったのです。

業務上の指導であっても、相手が不快に感じればセクハラにもなりかねませんし、そもそも男性上司から面と向かっていわれた相手の心情を思うと、やはり、いえませんでした。

そんなある日、私はひらめきました。

それは、次女を幼稚園に送って行ったときのことです。

幼稚園の先生が、ひとりだけ着替えが遅い男の子に対して、「○○君が早く着替える姿、先生見てみたいなぁ〜」と肯定的に指導をしている姿を見て、ピンときました。

先生は「早く着替えなさい！」という命令的な指導や「なんで、早く着替えられないの⁉」と否定的な表現をしていないのです。いわゆる〝ダメ出し〟をしていないんですね。

これは使える！　と思った私は、最近ぽっちゃりしてきた女性スタッフにこういいました。

「Aさん、もう少し細くなると、今でも十分ファンがいるけど、今以上にすごくファンが増えると思うよ」

するとAさんは、「えー、店長、それって痩せろっていうことですか？　実は最近太ってきたんですよねー。よし、ちょっと頑張ろうかな」と、スムーズに私の意見が通じました。

もちろん、いった後も気まずくなることなく、そのスタッフはダイエットに前向きに取り組んでいったのです。

また、化粧が派手なスタッフにはこういいました。

「Bさん、今の化粧も素敵なんだけど、もう少しナチュラルにするとBさんのファンがグッと増える気がするぞ！　今もいいけど、うちの服のイメージやお客様と同じイメージになると、Ｂさんのよさがもっと引き出される気がするんだよなー」

こちらの場合も、私の思い通りのニュアンスを伝えることができました。

相手の欠点を直したい場合、どうしてもダメ出しをする表現や否定的な言葉での指導をしてしまい、相手に不快感を与えがちです。相手のことを思っていった言葉でさえも、嫌な気持ちにさせてしまうことがあります。

しかし、前述の幼稚園の先生たちの指導法から、肯定的な表現で相手の欠点を修正させることができる、と学びました。

「欠点はあなたにとって悪いところだから直しなさい！」ではなく、「欠点を直したあなたはもっと魅力が増すんだよ」ということを伝えましょう。

もともと、「相手へ指導する」ことは、「相手をもっとよくしてあげたい」という意思を伝えるコミュニケーションなのです。

□謝る店長が愛される理由

私は、子どもの頃からとても物忘れが激しく、おっちょこちょいです。小学校のときは、リコーダー、図工用具、書道用具、その他あらゆる物を頻繁に忘れていました。そんな忘れ物ばかりする子どもでしたが、性根というのはなかなか直りません……。大人になった今でも、たくさん忘れ物をします。

それゆえ、私の人生は、その後のフォローをいかにするかが命題となりました。

今では「ごめん」が普通に私の口から出ます。

ちょっとした忘れ物やミスにも必ず謝ります。お客様に対しては当たり前ですが、スタッフに対してもです。

ひょっとしたら、日本一「ごめん」を社員にいっている社長かもしれません。こうなったら、社長として、「ごめん」の達人になろうと思いました（もちろん、媚びる訳ではありません）。

一般的には、社長は「ごめん」なんてあまりいわないものです。できるだけ、謝りたくないと思っている人だって多いはずです。同時に社員も、社長は軽々しく「ごめん！」なんていわないものだと思っている人もたくさんいます。だから、私がいつも謝っていると、多くの人は驚きます。「腰の低い社長さんだ」と。

しかし、私は腰が低いというよりも自分の非をきちんと認め、示すのが当たり前の姿勢だと思っています。それに自分が間違っていたときに、きちんと部下に「ごめん！」といえる社長でいたいと思うのです。

私は、従業員に謝らない社長をたくさん見てきました。同じくスタッフに謝らない店長もたくさん見てきました。そして、それが不満となり、組織、店がほころんでいく結果をたくさん見てきました。

店長だって人です。間違えます。それをごまかしたり、やり過ごしたり、誰かのせいにしたりすると……、スタッフは敏感に反応します。

これも部下とのコミュニケーションのひとつのスキルです。

部下とのかかわり合いで、「褒める」「叱る」のスキルは大切です。そこに加わる第三のスキル、それが「謝る」です。

自分が謝るべきときにきちんと〝謝る〟店長は愛されます。

3章

愛される店長がしているスタッフ育成のルール

□スタッフの「好きな仕事」を「向いている仕事」にする

あなたにとって、スタッフ育成の目的とは何ですか？　答えられるでしょうか？

私は、こう考えます。**スタッフが「好きで選んだこの仕事」を、「向いている仕事」にしてあげること**が、スタッフ育成の目的だと思います。

入社してすぐのときは、スタッフにとって「好きな仕事」ですが、「向いている仕事」とはいえません。

向いている仕事とは、結果を出せる仕事のことです。

結果が出ないと、人は「私には向いてない仕事だ」と判断し始めます。

だから、向いている仕事にしてあげることとは、結果を出すまで成長させてあげることです。

これが、スタッフ育成です。それこそがスタッフへの愛情だと思うのです。

ときとして、スタッフに無関心で、ほったらかしにしている店長を見かけます。

一方で、スタッフとのコミュニケーションだけに没頭し、一番大切な育成をしない店長も見かけます。

また、指導するとスタッフは辞めてしまう、と勘違いをしている店長もいます。

スタッフを成長させるべき店長自身が、スタッフの成長を妨げている場合もあるのです。

これらはすべて、スタッフへの愛情不足の店長です。それでは、店長として愛されるわけがありませんよね。

スタッフは勝手には育ちません。

愛される店長は、結果の出せるスタッフにするために、さまざまなアプローチをしています。ときに厳しく、ときに優しく、ときに見守りながら、いろいろな指導法を駆使して、スタッフを一人前にし、結果を出す喜びを知ってもらうよう、育成しているのです。

この章では、そんな愛される店長のスタッフ育成のルールを紹介していきます。

□愛される店長は連鎖する

子どもの頃、親に怒られて育てられた人は、自分の子どもにも怒って育てるらしいです。逆に褒められて育てられた人は、自分の子どもも褒めて育てます。教育方法は連鎖していくということです。

このことを聞いたとき、私も思わずドキッとして自分の育てられた環境と、今娘たちにしている育て方を振り返ってしまいました。

受けた指導や教育は、次の世代へと自然と受け継がれていくものなのではないでしょうか。

それは、私たちの店仕事も同じです。

店長がどのようにスタッフへ接して、指導し、育成していくかによってスタッフの成長が変わるばかりでなく、「スタッフ育成方法」という無形の財産を与えているといっても過言ではないでしょう。

愛される店長に育てられたスタッフは、自分も愛される店長になりたいと思うでしょう。

何といっても、その指導方法が連鎖していくのですから。

ですから、店長の仕事の中で最も難しいテーマ、それが、スタッフ育成なのです。

□目標はクリアできるから楽しい

スタッフ育成において、大切な掟があります。それは、**「目標を高く設定しない」**ことです。

突然ですが、私の5歳になる三女。朝食をつくってもまったく食べません。少しかじってはやめ、パンで遊び始めたりして、食べようという気にならないみたいなのです。

そこで私は、三女が簡単に食べる方法を思いつきました。1枚の食パンを焼いただけでは食べなかったところを、焼いてから8つに切り、小さくして1切れずつ出していくのです。ひとかけ食べたら、次のひとかけ。これでいつの間にか1枚分を食べ切っています。それを食パン以外でも応用しています。例えば、ご飯をお茶碗によそっても食べないときは、小さいおにぎりにして小出しにします。すると、ちゃんと食べるのです。おかわりをすることも増えました。

スタッフ育成も同じです。

目標はクリアできるから楽しいものです。クリアできない目標では苦痛になります。目標をクリアする楽しさが成長の源になるのです。

実力よりも高過ぎる目標を設定すると、どうしても成長は鈍化します。それは、今の実力では、なかなかクリアできないから、頑張る過程で疲れてモチベーションが下がってしまうからです。モチベーションの低下は成長の鈍化を招きます。

何度か目標を達成できないと、スタッフに目標への苦手意識が芽生え、目標を放棄し始めるのです。スタッフにやりがいを与え、達成感を与えるのが本来の目標なのに、これでは本末転倒です。

あくまで、目標というのは、諸刃の剣だということを忘れてはいけません。それゆえに目標設定は、スタッフのことをよく知っている店長にしかできない大切な仕事なのです。

□減点法を加点法に変える

「70点主義でスタッフを見ることで、何よりも私自身が救われた気がしました」


この不況の中、百貨店内で毎年売上を伸ばし続け、メーカーからも表彰を受けるほどの店をつくり上げた、我が社の優秀な女性店長、小原さんはいいます。

このショップが売上を上げ続ける最大の要因のひとつに、スタッフの定着率のよさがあります。しかし、ここまでくるには小原店長の苦しい経験がバネとなっているのです。

オープン当初、小原店長と3名のスタッフの計4名でスタートしましたが、オープン当日にその中のひとりから退職願いが出ました。

「すみません。私、店長についていけないので辞めさせてもらいます」

退職願いを聞いたのは私でしたが、その言葉は、「辞めたいのですが」ではなく、「辞めさせてもらいます」でした。こちらに引き止める余地はありませんでした。

小原店長に退職依頼があったことを伝えると、こういい始めました。

「あのスタッフには仕事へのやる気がまったくないんです。私のいったことを理解しようとせず、自分のことばかり主張される方です。辞めていただいても結構だと思います」

気丈な小原店長はこう突っぱねました。しかし、退職はこれだけで済みませんでした。その10日後に、もうひとりのスタッフが店に来なくなったのです。

残るは小原店長ともうひとりのスタッフだけ。他店から応援を入れて急場をしのぎました。

小原店長は、「オープンの忙しいときだから、休みがなくて当たり前。残業して当たり前。休憩も半分で当たり前です。それを理解してくれないのが悔しいです」と泣きました。しかし、気丈な性格ゆえ、開店時間には毅然と店頭に立ち続けました。

そして、オープンから1ヶ月。最後のひとりも退職を申し出てきました。もうこれ以上容認することができない私は、小原店長を呼び出し、こう告げました。

「小原！　今のままだと、スタッフを入れても入れても、辞めていってしまうぞ！　スタッフを変えるのではなくて、小原が変わらないといけない」

オープンからの疲れもあり、スタッフが一人ひとり辞めていく喪失感も相まって、小原店長は泣き続けました。オープンから1ヶ月、店は崩壊寸前だったのです。

小原店長はよく売り、仕事も効率よくこなします。中途半端に仕事をせず、休日も出てきて仕事をやります。妥協を許さない、自分に厳しい典型的な性格です。しかし、自分に厳しいのと同じくらい他人にも厳しいのです。きっと気持ちの張り詰めた中、テキパキと仕事をしないスタッフが許せなかったのでしょう。

そして、私はこう続けました。

「最初から何でもできるスタッフなんていないぞ。小原はスーパーウーマンで何でもできるかもしれないけど、なかなかそんな優秀な人はいない。自分と同じことを相手に求めるのには無理がある。何もできないスタッフを、ひとつずつできるようにしてあげるのが店長だ」

小原店長は「申し訳ありませんでした。私が悪かったです」といって、ずっと下を向いていました。現実を受け止め、複雑な気持ちで他に言葉が出なかったのだと思います。

それから、小原店長は変わりました。

とにかく、新しいスタッフが入ると、定期ミーティングを必ず行ない、互いの見ている方向がぶれないように、仕事の温度差をつくらないように、共有認識に力を入れました。

そうしていくうちに、以前のイライラしている目つきや表情が消えていきました。

そして、休みの日には店に出てこなくなりました。きっと、自分の心を整え、調整する日をつくったのだと思います。

すると、最後に退職を告げたスタッフも残ってくれ、しっかりと販売するようになりました。肝心な売上も、3ヶ月目から予算を達成するようになっていきました。

私は、小原店長に、「みんな、いきいきと仕事するようになったな！」と声をかけると、こんな言葉が返ってきました。

「社長！　いろいろと私も考えたのですが、これまで、スタッフが100点をとって当たり前、私のいうことを聞いて当たり前だと思っていました。自分も100点じゃないといけないし、相手も100点じゃないといけないと思っていたんです。

正直、苦しかったです。いや、仕事とは苦しいものなのだと思っていましたから、それも当たり前だと思っていたんです。

でも今は、自分も相手も70点でいい！　と思うようにしました。

この考えで、何よりよかったのは、90点をとったら、褒められるようになったことです。以前は、**90点だと100点に10点足りないと見ていたスタッフを、70点よりも20点も多いスタッフと見られるようになった**からです。自分もすごく楽になって、仕事ももっと楽しくなりました」

そして、4年経った今、小原店長は「当時のこと、いわないでくださいよ！」と笑っています。店長の考え、視点次第でスタッフは大きく変わっていくのです。

□「見てるよ！」のサイン　これが大切

スタッフが育つ要因のひとつとして、常に**「見てる」というサイン**を送ることが大切です。我が社のスタッフ定着率がとてもいい繁盛店の竹山店長は、自店で働く3人のスタッフたちに、ことあるごとに声かけを怠りません。

スタッフが売れたときは、「お疲れ様！　やったね、その調子！」と肩を叩きながら、通り過ぎます。売れなかったときは、「どうだった？」と聞いた後に、アドバイスが必要ならその場で伝え、その必要がない、つまり忘れたほうがいいならば「いったんリセットして次、頑張ろう」といった具合です。

悩んでいるような顔をしていたら、「どうしたん？　悩んでんの？」。

少し作業が遅れていたら、「もうちょっと、早くやってみようか」。

少し元気がなかったら、「なんか元気ないみたいだけど、どうしたん？」。

とにかく、スタッフに「私はあなたを見てますよ」というサインを送るのを欠かしません。

その度にスタッフは、「あっ、店長は常に気にしてくれている」という緊張感と喜びを感じるのだと思います。

やはり人は、自分のことを気にかけてくれる人を慕います。いつも見てくれている安心感や信頼感がそこに生まれるからだと思います。

スタッフがちゃんと仕事をしたときは何もいわずに、失敗したときだけ注意をする店長がよくいます。これもNGです。注意するのはいいことなのですが、きちんといい仕事をしたときに、OKのサインを出してあげることも忘れてはいけません。

スタッフは、あなたの「見てるよ！」のサインがほしいのです。

□〝ねぎらう〟と〝褒める〟は違う

「スタッフを褒めても、その数日は頑張るのですが、すぐ元に戻ってしまい、なかなか育たないのです。何が悪いのでしょうか？」

スタッフ育成の講演後に、質疑応答で店長たちからよく聞かれる質問です。先日も、Aさんという女性店長さんから質問を受けました。

そこで私は、「最近、どんなふうにスタッフを褒めてあげましたか？」と聞き返しました。

「そのスタッフが、先月個人の予算を達成したので、『○○さん、先月頑張ったね！　おめでとう。やったね！』と褒めました」

こう返ってきました。私が、「えっ？　それだけ？」と返すと、Aさんは、「はい、しっかりと褒めたんですが……」といいます。

確かにAさんは、スタッフを褒めました。いや、正確にいうと、褒めたのではなく、ねぎらっただけです。

〝ねぎらう〟と〝褒める〟は、厳密にいうと違います。

Aさんのいうように、数日は頑張るけれど長続きしないのは、ねぎらいしかしていないので、ねぎらった効果が薄れていっただけです。

私は引き続きAさんに、「ではなぜ、そのスタッフが先月予算達成したのか、その要因は聞きましたか？　そして、そこを褒めてあげましたか？」と聞きました。

「いや、そこは褒めていません」といったAさんの表情がハッと何かに気づいたようでした。そうです。Aさんは、結果をねぎらっただけなのです。しかし、褒めるということは、「行動の意識的な定着化」を目的とします。

わかりやすくいうと、**褒める効果はプロセスを定着させることに**意味があり、そこに成長があります。

つまり、結果をねぎらうことと、プロセスを褒めることを分けて考えなくてはなりません。

Aさんはスタッフに対して、こう褒めればよかったのです。

「○○さん、先月は頑張ったね！　予算達成おめでとう！　**予算達成できたのはやっぱり客単価が上がったからだね。そういえば、スーツをたくさん売っていたよね。新作スーツの勉強会でもトークの練習をしっかりやっていたしね。遅くまで残ってやってくれた、その努力が報われたんだね。やったね！**」

といった具合です（太字部分が褒めている部分です）。

結果に対しての要因を褒めてあげる。そして、その要因を再度、褒めることによって、定着化させてあげるのです。

Aさんの事例では、褒めることによってこのスタッフは今後、スーツ販売を得意に思い、勉強会を続け、結果を残す喜びを覚えます。

これが、褒める効果です。そして、**褒め続けると、それが無意識の習慣化になります。**

スタッフのモチベーションはねぎらうことで一時は上がりますが、放っておくと必ず下がります。そこで定期的に褒めることが必要なのです。

もう一度確認しましょう。あなたは、スタッフの結果だけをねぎらって、褒めた気になっていませんか？

スタッフの結果を賞賛するのが、ねぎらうこと、スタッフのプロセスを賞賛するのが、褒めることです。

□新幹線で老紳士が教えてくれたこと

「褒めたくても褒めるところがないんです」という相談を店長たちから受けます。

でも、それは違います。褒めるところがないのではなく、**「褒める」という観点で見ていないだけ**です。

褒めようと思えば、誰だって褒められます。褒めようと思えば100人中100人全員を褒めることができるのです。そこで、私が体験したエピソードを紹介します。

私が新幹線で移動していたときのことです。ちょうど帰省シーズンで、普通席は満席。割高でしたが、仕方なく私はグリーン車に乗りました。前夜の就寝が遅かったのでとても眠く、とにかく新幹線で寝たかったのです。そんな私の2つ隣の席には、小さい赤ちゃんを抱いたお母さんが座っていました。実家への里帰りといった感じでした。

　発車して少し経つと、その赤ちゃんが大声で泣き出しました。それが、よく泣くこと。赤ちゃんの泣き声は甲高《かん》く、中には、露骨に嫌な顔をする人もいました。赤ちゃんが泣くのは仕方ないと思いながらも、追加料金を出した意味がない、と思っている人が多くいるのも表情から伝わってきました。眠りたかった私も、早く泣きやまないかなぁと思っていました。

　その母親は赤ちゃんを抱っこして、申し訳なさそうに席とデッキを行ったり来たりしていました。

　何とか我慢し、新幹線は目的駅に到着しました。私は車内通路に出て、降車の列に並びました。すると、ちょうど赤ちゃん連れの母親の席の通路に立った、人のよさそうな上品な老紳士がひと言、そのお母さんにこういったのです。

「元気な泣き声の赤ちゃんだね！　こりゃ、たくましく育つぞー。赤ちゃんは元気なほうがいい」と。

　私は、びっくりしました。〝元気な泣き声〟なんて発想がまったくなかったからです。私や周りの人にとっては、〝うるさい赤ちゃんの泣き声〟だったのに、老紳士から見れば〝元気な赤ちゃんの泣き声〟だったのですから。

追加料金を出して乗ったグリーン車なのに、うるさい赤ちゃんの泣き声に邪魔された、と思っていた自分をとても情けなく思いました。

そして、そのとき、思いました。**何事もとらえ方次第で変わる**のだなと。

ひょっとしたら、褒めるところがないと思っていたスタッフも、見方を変えれば褒めるポイントはたくさんあるかもしれない……。

見方を変えれば、いいようにも悪いようにもどちらにも考えられるということなのです。

優柔不断な部下も見方を変えれば、人当たりがよくて敵をつくらない、いい人ともいえる。

自信過剰の部下も見方を変えれば、向上心が強く積極的な人ともいえる。

そう考えると、褒めるところがないのではなく、褒める視点で見ていないだけだったんだと気づくと思います。

☐愛される店長は上司に褒めさせる

スタッフのモチベーションアップは、愛される店長の最も重要な仕事です。一番効果が早いモチベーションアップは、やはり、褒めることです。

そこで、やみくもに褒めるのではなく、より効果の上がる褒め方が大切になってきます。

我が社のスタッフ定着率ナンバーワンの女性店長、中川店長の実例を紹介します。

彼女は、社長の私が店を訪問するとこういってきます。

店長「社長！　昨日、スタッフのBさんがめちゃくちゃ売ってくれて助かりました。なんと○万円もひとりで売ったんですよ！」

私「おお！　すごいなぁ。頑張ったなぁ！」

と、必然的に私もこだましてBさんを褒めることとなります。

すると、中川店長はBさんのところに行ってこういうのです。

店長「Bさん！　今、社長が、昨日のBさんの売上をすごく褒めてたよ！　頑張ったなって」

Bさん「えっ！　社長が！　すごくうれしいです。今日も頑張ります！」

Bさんのモチベーションは上がり、積極的に販売をしていきます。

店長自身の上司に褒めてもらい、スタッフのモチベーションアップをさせる方法のメリットは2つあります。

ひとつ目は、一連の事象の**起点を店長が自らつくり出していること**です。店長がスタッフを上司の前で褒めるという起点です。これにより、上司である私は必然的にスタッフを褒めざるを得ない状況をつくり出しています。これを利用して、スタッフを間接的に褒めてあげているのです。

つまり、この状況は**店長がいつでも、意図的につくり出すことができます**。

2つ目は、直接褒められるよりも、**褒めていたという事実を間接的に聞いたほうがうれしくなるという心理的作用**をうまく使っている点です。

中日ドラゴンズの星野仙一元監督がこういっていたのを思い出しました。「選手を叱るときは、本人の目の前で叱る。選手を褒めるときは、新聞やテレビの取材で間接的に褒める。直接褒められるより、新聞で自分が褒められている記事を読むほうがうれしいだろ?」。

もちろん、上司だけでなく、「お客様が褒めていたよ」、「隣の店長が褒めていたよ」でも同じ効果が得られます。

とにかく、他人が褒めていたことを本人に伝えてあげるとうれしさは倍増します。店長はこの褒め方のツボを押さえておくと、スタッフのモチベーションアップに役立てることができます。

□お客様の立場で伝える

日々の店仕事では、店長からスタッフへの**指示や指導の仕方次第で、スタッフの成長度合いが変わってきます。**

指示の仕方が悪いと、スタッフは育たないばかりか、ムッとして店長を煙たがることが多々あります。

そこで、私が郊外型のショッピングセンターで、店長としてパートさんと繁盛店をつくったときに、実際にやっていた指示・指導の方法をご紹介します。

私自身、「やりなさい」といわれる指示が、好きではありません。所詮、「やりなさい」といわれてやる仕事の結果はたかが知れているし、命令に過ぎないと思っていたからです。

指示・指導の目的は、**相手に〝気づかせる〟ということ**だと思います。

そこで、私は、**「お客様はどう思うか？」を常に問い、スタッフに気づかせる指示**をすることにしたのです。

店においての絶対的指針は「お客様のため」です。ですから、それに反した場合、店長はスタッフを叱らねばなりません。その根底を気づかせるのです。

例えば、セールのとき、レジにお客様がたくさん並んでいらっしゃるのに、ずっとひとりのお客様と雑談しているスタッフがいたとしましょう。

そこで、店長であるあなたは、痺れを切らして、そのスタッフを呼んで指導をしたとします。そのときに多くの店長は、

「レジにお客様が並んでいるのに、雑談していたらダメじゃない。お客様との話題を一度切ってレジに入ってね」

というような指導をするでしょう。それを、こう変えてみたらいかがでしょう。

「レジにお客様がたくさん並んでいて、早くしてほしいと思っているお客様が、ずっと雑談している店員を見たら、どう思う？」

と答えさせてから、お客様視点で指導を始めるのです。


次に、お客様に間違ってサイズ違いの商品を渡してしまった場合。

「お客様にお渡しする前に、ちゃんとサイズのチェックをしてから渡して」

という指導を、こう変えてみます。

「お客様が帰って商品を見てみたら、サイズが違っていた。あなたならどう思う？」

そうです。**まずお客様の立場で伝える。**それを話しておくことで、その後につながる指導の言葉はすべて、お客様のためにいっているという理由づけができます。

こうすると、説得力が増します。そして、お客様の立場で考える癖が身につきます。大切なのは、「お客様の立場」で伝えることなのです。

□ワンマンだからできることもある

我が社が郊外大型ショッピングセンターに出店したセレクトショップ。初年度の売上は予想をはるかに下回る散々な結果でした。そのセレクトショップは、エレガンスなブランドの品揃えが特徴で、他店ではかなりの実績を上げており、満を持しての出店でした。

売れない理由、それはあきらかでした。エレガンスできれいな洋服を好む客層が地域には少なかったからです。カジュアルを求めるお客様が多かったのです。

そこで私は、お客様をよく見極めたうえで、商品構成を若干変更することにしました。それを店長に伝えると、どうしてもスタッフ全員の意見を聞きたいというので、話し合ってもらうことにしました。どんな品揃えに変更したらいいのかという議題です。

私もその会議に参加し、最初は傍聴していました。時々しか訪問しない私がいきなり主導でやるべきではないと思ったからです。

ところが会議は、スタッフがそれぞれの主張を曲げず、まったくまとまりません。あるスタッフは「やっぱり、エレガンスの路線はそのままで価格を下げるのがいい」といい、違うスタッフは「いや、この路線で価格を下げても、客単価が下がるだけで、客数は上がらず、売上は下がる。だから商品の路線を変えることが先決じゃないですか」という。

5名の会議では、店長も何がいいのか決めかねているようでした。結局、この会議では何も決まりませんでした。

会議後に店長とミーティングをしました。

私「このままじゃ、まとまらないけど、店長はどう考えている？」

店長「私はできるだけ、スタッフから出てくる意見を重視して、それをまとめて、スタッフ自身が主役の商品変更をしていきたいのです」

私「そう。でも、みんな自分の主張を通そうとすることに精一杯で、店全体の視点やお客様という視点が抜けている気がするんだけどね」

店長「そうですね。でも、できる限り、スタッフの意見を尊重したいのです」

私「でも、きっとそれだと次回も決まらないよ。店長がそういい続ける限りはね。たとえ決まったとしても、自分の主張が通らなかったスタッフには、不満が残るだろう。だったら最初から考えさせないほうがいい、という選択肢もあるよね」


結局、次回の会議もまとまらず、とうとう私は口を出すことにしました。

「なかなか決まらないようなので、時間があまりないですし、私が決めさせてもらいます。4割近くをカジュアルエレガンスの商品に変更したいと思います。その理由は……」

鶴の一声、トップダウンという方式をとり、社長の強行決定権を行使しました。

私は、**スタッフに聞いて決まることと、上に立つ者が決めないといけないことがある**と思っています。

商品の戦略の決定は、たくさんの人に聞けば聞くほど、幾通りもの意見が出てきます。つまり、聞けば聞くほどまとまらなくなるのです。


私は、ここはワンマンで通したほうがいいと判断しました。スタッフたちは誰もが「社長がいうなら仕方がない。いわれた通りにやってみるか」と、飲んでくれました。商品構成を変えたその店は、徐々に客数を増やし始め、結果的に年間売上は1・5倍に増えました。

改革は成功しました。「ワンマン決定」という最終兵器を使って。

みんなの意見を聞くことと、みんなの意見通りになることは、同じではありません。

みんなの意見を聞くということは、ときと場合によっては不満の種にもなります。

リーダーは状況を見て、ワンマンにならねばならないと思います。

そして、その理由をスタッフに説明するために、みんなの意見を聞いて、個人の考えを知る必要があるのです。

どれだけみんなの意見を聞いても、最終的な判断はひとつのことにしか収まらないのです。最初から誰の意見も聞かず、リーダーの意見で決めることは、悪いワンマンです。失敗するワンマンリーダーは、相手を否定し、強引に自分の意見を通したと周りに思われるので、陰口や不満が起こり、人が去っていくといった弊害が生まれるのです。

ワンマンな決定は、みんなの意見を聞いたうえで、まとまらない場合の最終兵器です。それは、前向きな決定方法としてのワンマンな決断です。ここで、しっかりと自分を出し、意見をまとめるのが、愛される店長のワンマンです。

□「いい人なんです」という目線をやめる

私は、定期的に店を訪問して、スタッフを観察します。

ある時、入社して間もないスタッフを見ていたとき、どうしても、そのスタッフのだらだらとした動きや無表情が気になったので、店長を呼んでいいました。

「先月入社したCさんなんだけど、どうしても、歩いている姿がだらだらと見えるし、見ているだけで、こっちまで疲れちゃう感じなんだよ。しかも、表情がないから、ちょっとこわくも見えるね。もっとやわらかい表情で店に立つようにしてほしい」

そう注意をすると、店長からこう返ってきました。

「わかりました。でも、話をすると、とてもいい子なんです。それはわかってください」

すかさず私は、「うん、わかってるよ。誰もがいい子だよ。悪い子だったら採用してないし、悪い子なんてひとりもいない」といいました。


人は、店という空間に長時間一緒にいると、最初はとっつきにくい人でも、徐々に慣れ、親しみを感じていきます。すると、最初のとっつきにくい印象が解消され、時間で培われた情が出てきます。だから、よっぽど協調性のない性格でなければ、**一緒に過ごす時間が長ければ長いほど、可もなく不可もない〝いい人〟という認識が生まれます。**

ですが店長は、この時間が経って感じる「いい人」を仕事の視点にしてはいけません。それは、慣れただけです。私にいわせれば、仕事ができてもできなくても、いい人だらけです。

店に立つ私たちが最も大切にしないといけないのは、その人の**第一印象のイメージ**です。私たち販売員がお客様からいただける時間は、短くて1分、長くて30分です。その時間内に好印象を表現する、時間制限つき接客であることを忘れてはいけません。

だから、一緒に長く仕事をして感じる「いい人」というものさしは捨てましょう。まずは、お客様からいただける短い時間と同じ感覚で、スタッフの印象を見て、指導できる店長でいてください。

□数字に意味を持たせる

結果を出せるスタッフに育てるために、まずしないといけないこと。それは数字の意識を持たせることです。

数字は一番わかりやすい結果です。だからこそ、数字を意識するくせをつけさせましょう。

私は、期待するスタッフには、「昨日の売上っていくらだったっけ?」と聞くようにしています。もちろん私は知っていますが、あえて聞くのです。

スタッフがきちんと答えられたら、「さすが、◯◯さんは、数字をちゃんと把握しているね。基本だけど大切なことだからね」と褒めます。

間違っていたり、答えられなかったら、「今すぐ調べてきて！　大切だからさ」と、すぐに調べに行かせます。もちろん、私は教えません。

次回行ったときにも聞きます。また、その次行ったときも聞きます。そのスタッフが、数字を把握することを習慣とするまで徹底的に聞きます。

店長が聞かないでいると、意識づけはされません。**スタッフが数字を意識しないのは、店長の責任**だと私は思っています。

数字は、把握するのが当たり前となるまで、聞いて、聞いて、聞いて、癖をつけます。ただやみくもに数字を把握させても無駄です。**数字とは、それ単体では何の意味も持たない**からです。数字には意味をつけてあげないと活きてきません。

たとえを使って説明しましょう。

Aさんの昨日の売上は8万円でした　⬇この時点では8万円は意味を持っていない

Aさんの昨日の売上は、目標10万円のところ8万円でした　⬇目標と比較することにより、

8万円は目標に2万円足りない数字だった、という意味を持った

どうでしょう。数字とは、比較してはじめて、その数字が示す意味を持つのです。

他にも、順位をつけて比較するのもそうですよね。

Aさんの昨日の売上は8万円でした ➡この時点では8万円は意味を持っていない

Aさんの昨日の売上は8万円でした。Bさんは6万円。Cさんは5万円。1番売ったのはAさんでした ➡順位をつけることにより、8万円は3人のトップの売上だったという意味を持った

このように、目標設定をしたり、売上競争をしたり、数字の示す意味を理解する方法を教えるのです。

数字に苦手意識を持つ人は「数字は面白くない」という先入観を持っています。小学校、中学校で習う単なる数字の計算式がつまらなかったからかもしれません。ですから、店では、ゲーム感覚で楽しく理解させることができたらいいですね。

□臨界期にしっかりと指導する

「臨界期という言葉を聞いたことがありますか？」

私が最初に就職した呉服チェーン「やまと」の入社式で、人事部長がおっしゃっていた言葉です。新入社員だった私は、「臨界期？　なんだそれは？」と思いました。

残酷ですが、こんな実験があるそうです。生まれたばかりの子猫に目隠しをして、3ヶ月そのままにし、目隠しを取ると、一生目が見えないそうです。生まれたばかりの子猫に耳栓をして、3ヶ月そのままにして、耳栓を取ると、一生耳が聞こえないそうです。

これは**視覚や聴覚という機能を正常に身につけるべき〝大切な時期〟に覚えられないと（教えられないと）、一生その能力は開発されない**ということらしいです。

その〝大切な時期〟のことを〝臨界期〟といいます。

冒頭の言葉に続いて、新入社員である私たちに人事部長はこう続けました。

「君たちは、新卒で就職し、はじめて販売という仕事を本格的にする人ばかりだと思う。そこで、君たちのこれから半年が臨界期だ！　この時期にしっかりと仕事や販売を習得しなさい」

正直、そのときはピンときていなかった私ですが、最近、たくさんの販売員を見てきて、臨界期に指導することがいかに大切かということを実感するようになりました。

仕事での臨界期にしっかりとした理念や原理を教えてもらえた人、教えてもらえなかった人。その差は仕事に対しての考え方や取り組み姿勢において後々、雲泥の差が出ます。

臨界期に技術から教えられた人と、考え方から教えられた人は、まったく違う「売上のプロセス（過程）」を考えます。

技術から教えられたスタッフは、「売れればいい」と思う結果主義の傾向が強くなります。考え方から教えられたスタッフは、売り方にこだわり、「お客様に喜んで買ってもらう」という思考的な傾向になります。

入社から半年のスタッフ育成が勝負です。この時期にしっかりと考え方から入るカリキュラムを組み、成長を促しましょう。臨界期に間違った仕事観、売るという仕事の考え方、お客様への接し方を教えられると、販売員としての仕事は間違った方向を向いてしまいます。

臨界期の指導で最も大切なのは、お客様を喜ばせることが私たちの仕事の一番大切な原点であるという**原則原理を教えてあげること**です。

また、技術よりも人間力が売るために大切なことも教えてあげましょう。

販売の売り手側発想の技術でなく、買い手側の理念と原理を伝えるのです。

□心・技・体

「心・技・体」。スポーツをしたことのある人なら、1度は聞いたことのある言葉だと思います。いや、スポーツをしていなくても、オリンピックや世界大会の様子をテレビなどで見ていると、メダルを獲るには、この「心・技・体」が揃わなければいけないという解説を聞いたことのある方も多いと思います。

字のごとく、スポーツの勝負に大切なのは、心（こころ）、技（わざ）、体（体力）という意味です。一流選手の条件です。

これは、「販売道」にも、完全に通じると私は思っています。

●**心（マインド・取り組み方）**…モチベーションアップ、感謝の気持ち、前向きな考え

●**技（ノウハウ・売り方）**…提案の仕方、販売トーク、進め方

●体（マナー・接し方）…言葉遣い、礼儀、あいさつ

まさに売れる販売員、結果を出せる販売員の条件だと思います。どれかひとつが足りなくても、結果に結びつかないのです。

やる気があって、丁寧でいい人だけど、売れないのは、技（ノウハウ）が足りない。

やる気があるし、売れるけど、顧客ができないのは、体（マナー）が足りない。

キャリアのある販売員に多いのが、売り方も知っているし、接し方もいいのに、売れない「慣れ」から来るやる気の喪失、つまり心（マインド）が足りない、ということです。

ちなみに、新人は、どれも持っていません。そこで、店長が一つひとつ教えていくのです。この心・技・体は、いつも一定のレベルというわけではありません。売上がなくスランプの時期は、どれかが欠落しているのです。

心・技・体、スタッフにはどれが足りていないのか？　チェックして、指導していきましょう。また、店長、あなた自身も、この心・技・体、すべてをチェックして店頭に立つようにしましょう。

「3ミリの法則」が部下を育てる

私「さて、ここにひとつのコップがあります。1日3ミリずつ動かすと、1週間後はどこにありますか?」

受講店長「えーっと、1日3ミリで7日ですから、21ミリ、2・1センチです」

私「そうです、1週間経っても、たった2センチちょっとです。2センチちょっとずれたぐらいで、変化なんてわかりませんよね。では、1日3ミリずつ動かすとして、2年後はこのコップはどこにありますか?」

受講店長「2年後ですか? えーっと……」

私「いいです。別に計算しなくて結構です。2年後って、きっと隣の部屋ですよね、私も正確にはわかりませんが……」

これは、私の店長育成セミナーの1場面です。

単純ながらも、**継続することの大切さ**を伝える事例です。スタッフの育成も同じなのです。

日々、ちょっとしたことを継続することで、1週間や2週間では目に見える成果はありません。目に見える、つまり、変化を感じるようになるまでは、時間と継続性が必要なのです。

よく、その場その場で指導が変わる店長がいます。すぐに直さないといけない部分だけは矯正されるかもしれませんが、それでは長いスパンでの育成はできません。

すぐにスタッフが変らないからといって、いい続けられない店長がいます。しかし、スタッフ育成には、継続する根気が必要です。人間は、すぐに変われるものではないのですから。

店だって同じだと思います。売上がない店が、すぐに売上の上がる方法なんてそうそうないものです。

ちょっとずつ減っていったお客様を戻す方法は、ちょっとずつ根気よく店を変化させて取り戻さなくてはなりません。

スタッフを育てることも、毎日、継続して何ができているのか？　その中に大切なヒントがあるのではないでしょうか？　継続は育成の母なのです。

4章

人間関係のトラブルを解決する

□人間関係のトラブルの8割が誤解

店長や管理職が避けて通れないのが人間関係のトラブルです。

自分がトラブルをつくる場合もあるでしょうし、スタッフ間のトラブルの仲介に入る場合もあると思います。

店での仕事を25年以上やってきた私ですが、人間関係のトラブルを解決するのが本業かと思うほど、毎日何かしらのトラブルに直面しています。ですから、この問題のやっかいさを誰よりも痛感しているつもりです。「○○さんがこういった」とか、「あの人がいるなら辞めたい」とか。聞いているだけで滅入ることをたくさん耳にしてきました。

こんなデータがあります。**「女性の退職、本当の原因の8割が人間関係のトラブル」**だそうです。だから「定着率の悪い店の原因は、人間関係にあり！」といっても過言ではありません。

良好な人間関係を築き、スタッフの定着率を上げないと店の売上が上がるわけはありません。となると、やはり店長として避けて通れないのが、人間関係トラブル解決なのです。

「スタッフ間の人間トラブルを解決する」というと、たいそうな役目のような感じがしますが、整理して考えれば、そんなに大変なことはありません。

トラブルの原因を考えていて、いつも思うのが、**人と人のトラブルの根本は、〝誤解〟と〝妄想〟**だということです。

些細な誤解が、自己中心的な妄想により大きくなっていき、しまいには、相手を攻撃し始める、といった流れがほとんどです。

店での人間関係のトラブルは、日々起きています。

しかし、本人が自己消化する場合が多く、顕在化されないので、見えていないだけです。

あなたもよく考えてみてください。「あれ？　あの人はどうしてあんなふうにいったんだろう？」と疑問に思うことはないですか？　よくあると思います。そんなとき、「きっと、こう思ってるんだな」と、その疑問を自然に解決していっているのではないでしょうか。

しかし、自己消化できずに、解決されないでいると、トラブルの種になります。そして、それが顕在化してトラブルになるのです。

人はそれぞれの立場と考え方で物事を見ます。**店の中で立場と考え方が同じ人なんていません。**

当然、自分と違う見方をする人に、「どうして？」と思うのが当たり前です。

その「どうして？」が、見習うべき要素ならば、その考えを学ぶことで成長となります。逆にその考えに納得がいかないならば、それがトラブルに発展するのです。

よって、立場や考えの違いからくる「どうして？」は常に生まれ、大なり小なりトラブルの種は存在しているのです。

ですが、そんなに神経質に考える必要はありません。

一番大切なのは、そのトラブルをできるだけ早く、小さいうちにしっかりと解消することなのです。

その際に店長は、スタッフと個別に対応しなければいけませんが、特別な対応をすることはできません。不満は聞いてあげないといけませんが、わがままを聞いてはあげられないことを認識しましょう。

成果の出ている店のほとんどはトラブルの解消が早い店です。そうです。人間関係は売上に関係しているのです。

□わかりません。聞いていません。できません。3大タブーに対応する

「最近の新入社員は、すぐに『わかりません』『聞いていません』『できません』というんですよ」と、よく店長から聞きます。

確かに、私が新人だった20年前は、「わかりません」と答えること自体がタブーで、「だったら、すぐ調べろ！　すぐにわからないなんていうな！」と先輩に怒られるのが当たり前でした。

「聞いていません」と答えれば、「何で自分から聞きに来ないんだ！　学校じゃないんだからな！」といわれ、「できません」と答えると、「やってみてからいえ！　やってダメなら頭を使え！」と、無茶なことをいわれるのがオチでした。

「わかりません」「聞いていません」「できません」ということは、自分の能力のなさを露呈しているようなもので、負けず嫌いな私は、「絶対にいうもんか！」と思っていました。

そんな私も1度だけ、「聞いていません」といって、本書にすでに登場しているこわい先輩・

大澤さんにこっぴどく叱られたことがあります。大澤さんはこういいました。

「柴田！　ここは学校じゃないんだよ。学校なら、授業料を払っているから、『聞いていません』といえば、お金をもらってる先生は真剣に教えてくれるさ。だけどな、ここは職場だ。お前はお金を払っているんじゃなくて、お金をもらっているんだ。そこを忘れるな！　聞きに行かなかったお前が悪いんだ。これからはそう考えるように」

私は納得し、それ以降、「聞いていません」といった覚えはありませんし、自ら率先して、聞きに行く癖がつきました。


この3大タブーをいうスタッフは、根本的に**「お金をいただく立場にいる」という意識が低い**のです。働いているから、お金をもらえるのは「当たり前」という意識でいるのです。

まずは、「当たり前のこと」を「感謝するべきこと」として教えてあげなければならないのです。

この〝感謝〟は、どんな仕事でもそうですが、特に接客の基本ともいえる考えです。

ですから、徹底的に教えましょう。「お金をいただいていること」をしっかり意識させるのです。これを認識していないと、客仕事で成果を出すのは難しいのです。

□スタッフが増えると楽になるわけでなく、トラブルも増えることを忘れてはいけない

「作業負担を軽減させたいのと、売上を伸ばしたいので、スタッフの人数を増やしていただくことはできませんか」。社長として、ときに店長からこのような依頼を受けます。

以前の私は、店長がそういうならばと、人件費とにらめっこしながら、可能な限りその要望を聞いてきました。

しかし、**人数を増やしたからといって、必ずしも効率化され、作業が軽減されたり、単純に売上が上がるということはない**ことに気がつきました。

むしろ、過剰な人数を適正に戻したり、人数が少ないほうがスタッフがいきいきと仕事をし、結果が出る場合も少なくありません（もちろん店の最低人員を切る場合は例外です）。

「人数を増やしたい」という店長は、スタッフが増えることのメリットしか見ていません。

しかし実際は、同じくらいデメリットも発生します。

スタッフが増えれば、確かに作業は効率よくなるはずです。それは、効率よくできる仕組

みを店長が理解している場合です。

例えば、掃除やごみ捨てなどのちょっとした作業でもそうです。人数が増えると、そこにはルールが必要となるのです。3人程度なら気づいた人がやればよかったかもしれません。しかし、4人以上になると、1人当たりの責任が薄くなるので働かなくなります。「誰かがやってくれる」という意識が働くのです。だから、ルールが必要となってきます。

私の経験上、3人から4人への変わり目が、運営の変わり目です。4人以上になったら、ルールをつくり、スタッフの平等性を図る必要があります。そうしなければ、そこから不満が生じて、スタッフ間のトラブルになる可能性が高いのです。

また、前向きでやる気のあるスタッフが増えるならいいのですが、逆に、やる気にムラがあるスタッフ、こちらが気を遣わないといけないスタッフ、不満をよくいうスタッフならば、店長の悩みの種を増やすだけで、店のレベルを下げかねません。

増員はそのようなリスクも背負っていることを忘れてはいけません。それを踏まえた上で、増員していくことをすすめます。

□最年少店長の「年上部下」との付き合い方

店長向けの講演後、よくいただく質問に、「年上のスタッフとどのように、接していいのかわからないのですが、何かコツはありますか?」というものがあります。

仕事に年齢は関係ないとはいいますが、実際はそうはいかないのが現実だと思います。また、年下店長が年上のスタッフに注意した場合などは、もめごとになったりします。

もちろん、ちゃんと上司を立てて、円満に動いてくれる年上のスタッフもいますが、なかなかそうばかりとは限りません。

我が社の定着率ナンバーワンの中川店長。前任の店長がマネージャーに昇格するとき、店長に抜擢されたのが、当時、店の中で22歳と最年少の中川店長だったのです。

最年少なのに店長に抜擢した理由は、はっきりと物事をいう割に、人に好かれる性格だったこと。天真爛漫で竹を割ったような性格、典型的な明るい末っ子タイプだったからです。

そんな最年少店長の抜擢は功を奏しました。

年上のスタッフたちとしっかりと店をつくり上げ、就任当時8千万円だった年間売上は、

1年で1千万円ずつ上乗せされ、3年目に1億を突破しました。

就任当時の売上を丸2年で125％にし、まだまだ躍進させています。

そんな最年少ながら店をまとめあげ、成果を出す組織にした中川店長は、年上スタッフとの関係をこういいます。

「私は、年上のスタッフの方を、店長として『使う』なんて考えたことは1度もありません。それは、おこがまし過ぎます。自分の思い通りに年上スタッフを動かそうなんて思っていません。むしろ、知恵を貸してもらい、**『私が年上のスタッフの方を必要としてる』ことを感じてもらっています**。私が頼りになる店長になるというより、私が頼りにさせてもらっているというか。きっと、お願い上手なんです。

ただし、店長として決断すべきことは私に一任してもらえるようお願いしています。これは最初の段階でみなさんにお願いしました。いつもお願いばかりですが、一番年下として、年上スタッフの方と駆け引きをしません。できるだけ思ったことを素直に伝えるようにしています。

最初は、店長としてすべて仕切らねばという責任感もあったのですが、年上の方をどんどん頼りにしていこうと早いうちに考えを切り替えたら、売上が上がり始めました」

「仕事に年なんて関係ない」と店長が気にせず振る舞ったとしても、年上のスタッフが気にすれば、店長のスタンス自体がトラブルや不満の種となります。

年上のスタッフとは対立ではなく、活かす方法を考えるのが得策です。

そこで、**「年上スタッフを頼りにすること」**がキーワードとなります。

中川店長の成功例から学ぶ、年上スタッフとの仕事術は、

①店として年上スタッフに役割と責任を与え、必要とし、頼りにする
②年上のスタッフがいてくれるので、助かっているという信頼感を伝える
③下手な駆け引きはせず、ダイレクトに伝える
④重要な決定事項などの店長としての責任は譲らない

というものです。

これは、よく考えると、「店長ひとりでは店仕事はできない」という店のマネジメントの基本中の基本なのです。

□12月23日の有給休暇は嘘!? あなたなら、どうする？

私の店長時代の話です。Ａさんというスタッフから「12月23日に親戚の結婚式があるから休ませてほしい」という申請がありました。ちょうど年末、クリスマスシーズンの繁忙期だったのですが、「親戚の結婚式なら仕方がない」と、休みを取得させました。

数日後、別のスタッフのＢさんがこんなことをいってきました。

「店長！　Ａさんですが、23日、結婚式だといって休みましたよね。あれは嘘です。実は、その日の夕方に、Ａさんが彼氏と手をつないで歩いていたらしいですよ。お客様が偶然に見かけたらしいんです」と。普段は頑張っているＡさんだけに、私は驚きを隠せませんでした。

さて、このような場合、あなたは店長としてどのように対応しますか？

これを聞いて私の頭の中には、クリスマス・イブの前日だったことや、Ａさんが以前から長年付き合っている彼氏とは休みの日が合わないと嘆いていたことを思い出しました。Ａさんは、その日を境に髪型や髪の色も変わっていましたし、そういえば、新しい鞄で通勤して来ました。もしかしてクリスマスプレゼントかもしれません。

そんな疑いの目で見れば見るほど、嘘だったように思えてきたのです。

私は早速、閉店後にAさんを呼び、事実を確認することにしました。

「実は、あるお客様からの情報なんだけど、Aさんが親戚の結婚式でお休みした日があったよね。その日にAさんが彼氏と一緒に歩いているのを見たと、Bさんにいってきたらしいんだよ。本当のところはどうなんだ？」

Aさんは明らかに動揺した表情に変わりました。私には「嘘がばれた」と思っている表情に見えました。しかし、Aさんは、「彼氏とは確かに歩いていましたが、その日は結婚式に確かに行きました」といいます。

私はさらに聞きました。「だって、お客様が見たっていっていた時間は夕方だし、Aさんが結婚式だと私にいっていた時間だよ」。

Aさんは動揺しながらも、お客様が見た時間が間違っていると断固として主張しました。

そこで私はこういいました。

「よし！　わかったよ。どうやらお客様の時間の間違いだったみたいだね。私もお客様から直接聞いたわけではないからね。お客様から話を聞いたBさんは少し困惑していたけど、私から説明しておこう！　とにかく、お客様に悪気はないからね。そして、それを聞いたBさんにも悪意はない。紛らわしい話でもあったので、そこのところだけは、Aさんも間違わないようにね。これから、ますます忙しくなるから、頑張ってください。期待してるよ」

「わかりました。ご迷惑をおかけしました。誤解の分だけ頑張ります！」

私は明らかに疑わしいAさんを信じることにしたのです。


私がこのように判断した理由を説明します。

この状況で、明らかに嘘っぽいAさんに真実を問い詰める店長もいるかもしれません。また、結婚式の席次表を見せてほしいという店長もいるかもしれません。

しかし、Aさんの嘘を暴き、嘘だといわせて、それが今後に何の意味があるでしょうか？「もう嘘をつかないように」という教訓を残すのでしょうか。それにしては、あまりに大きい代償だと思います。きっとAさんは、退職するか、または、あなたに二度と寄ってこなくなると思いませんか。

上司から嘘を暴かれた部下は、その職場に残りたいと思うでしょうか。仮に残ったとしても、以前と同じようにいきいき働いたり、店長との溝を埋めることはできないでしょう。

あなたの正義感や、嘘をつかれた悔しさから、その気持ちを正当化して相手を責めることは簡単です。しかし、それが本当のマネジメントでしょうか？

あなたの本来の仕事は、嘘を暴くことではありません。我々の仕事は、警察官や裁判官ではないのです。**店長として、再発を防止して、そのスタッフをそれまで以上に育て、いきいきと働かせることが仕事**だと思います。

Aさんの場合は、「ちょっと疑っている」ことを、少し気づかせるだけで十分だと思いました。それだけで十分な「お灸」になると思いましたし、仮に嘘だとしても何らかの嘘をつかないといけない理由があったような気がします。Aさんは忙しいとわかっている日に、大手を振って休日を申請してくるタイプの女性ではないからです。

そこを踏まえたうえで、**「彼女を活かす」**ことを考えたのです。

普段から素行が悪く欠勤が多いスタッフだったら、対応の仕方も違ったかもしれませんが、少なくとも今後も働いてもらいたいスタッフには、私は同じ対応をとったでしょう。

真実はどっちでもいいのです。Aさんのいう通り、お客様が時間を間違えていたのかもしれませんし、Aさんが嘘をつき通したのかもしれません。

結果としてその後、Aさんは、これまで以上に積極的に仕事に取り組みました。

スタッフのミスや疑いを裁くのが店長の仕事ではなく、その嘘を次に活かすのが、店長の仕事なのです。

□優秀なスタッフを扱いにくいと煙たがるか、それともきちんと育てるか

正直にいいます。私の経験上、優秀なスタッフほど扱いづらいです。

優秀なスタッフは、頭の回転が速く、的確に先を読めたり、物事の考え方が理路整然として筋が通っていたりして、店長よりも仕事ができることが多々あるからです。

そして、そんなスタッフは質問をしてきます。

優秀なスタッフほど、物事を事前に想定し、シミュレーションすることに長けているので質問が多くなります。ときとして店長の指示に対しても、「なんで?」という発想から始め、店長の揚げ足を取る形になる場合も少なからずあります。

店長がしっかりとした信念を持って仕事に取り組んでいない場合、その質問に対しての返答の基準がぶれたり、矛盾がでたりします。

結果として店長は、自分のいうことを素直にきくスタッフを重宝がり、自分のいうことにいちいち質問が多いスタッフを煙たがり始めるのです。

そうしているうちに、優秀なスタッフを扱いにくいスタッフ、嫌いなスタッフとしてしま

うのです。

私の見てきた店長たちの失敗でもこのパターンは多いです。

しかし、自分のいうことを素直にきくスタッフばかりを集めても、魅力ある店にはなりません。優秀なスタッフを好き嫌いだけで押さえ込んだり、退職に追い込むなんて、店長失格です。

扱いづらいスタッフほど、「優秀だ」と認められるかどうかで違ってきます。

失敗する店長ほど、考えないスタッフを好み、集めます。「自分で考え、行動するスタッフ」をつくりたがらないのです。何でも店長のいうことをきく考えないスタッフのほうが楽だからです。

ある店長からもこのような相談がありました。

「私よりスタッフのCさんのほうが売上もいいので、なかなかCさんに販売の指導がやりづらいのです」

なるほど、自分よりスタッフのほうが売上がいいと、指導しにくいですよね。

こんな話を聞いたことがあります。「イチローは有名だが、イチローのコーチは無名だ」

という話です。

イチローといえば、誰もが認める日本人の最高打者。彼の実績に疑問を投げかける人なんて誰もいないはずです。しかし、そんなイチローを育てたコーチがイチローより野球がうまいかというとどうでしょう。

イチローの新人時代、河村健一郎さんというオリックスの2軍コーチがいました。この人が当時、周りからの「あんな打ち方はやめたほうがいい」という批判を跳ね除けて、イチローの振り子打法を確立し、一流打者に育てました。

河村さんの現役時代の実績を知りませんが、きっと、イチローのほうが打者としての実績はすごいはずです。師匠より教え子のほうが優秀なパターンです。


しかし、こう考えることもできるのではないでしょうか？

河村さんは、**天才イチローのすごいところを見出し、天才をつくった天才**です。

指導、育成とは、こういうことなのではないでしょうか？

素晴らしい実績があるから、指導する資格があるのではありません。素晴らしい実績があるから、素晴らしい実績の部下ができるのではありません。

そうではなくて、**指導者は常に部下のよい点を客観的に把握し、引き出し、その部下自身**

が見えてない部分を的確にアドバイスして、成長させていくのです。

自分の輝かしい実績をもってして、その成功持論を相手に強制するのが、育成ではありません。自分の実績はどうであっても、相手に一番よい方法で、相手のよさを引き出し、育てる力が求められているはずです。

だから私は、先ほどの店長からの質問にこう答えました。

「販売とは、究極の客観的な指導やアドバイスが必要な仕事だよ。だから、Cさん自身が気づいていないことや、Cさん自身をより魅力的に見せるアドバイスをするのが店長の仕事。Cさんと販売で競うことが店長の仕事じゃないからね。Cさんにそんなアドバイスができるのも、店長という役職の人しかいないんだよ」

□店長だけ別格はNG

我が社で起こった話です。ある店長とスタッフの関係がうまくいってないらしく、私がスタッフミーティングに参加することになりました。

スタッフの店長への不満は、「店頭での私語を禁止している店長が、空いている時間に1

番話しかけてくる」というものです。店長はまったく気づいておらず、スタッフたちも店長に進言することもできずに、不満をためていったというものです。

似たようなケースのスタッフの不満はよくあります。「ギリギリに出勤すると注意する店長が、本当は1番遅く出勤してくる」、「店をきれいにしましょうという店長が、まったくごみ捨てをしない」などです。

店長だけが別格になっているパターンです。いや、正確にいうと、店長自身が自分を見えていないパターンです。

スタッフの不満を店長がつくっているパターンは、店においてとても多いものです。その中でも「スタッフがやったらNGだけど、店長はやってもOK」というケースで、店長がそれにまったく気づいていないパターンはとてもやっかいです。そして、スタッフもなかなか店長にいいづらく、不満が表面化せずに、徐々に信頼をなくしていくのです。

そこで、店長は今一度、自分がいっていることと、やっていることの整合性を見直すことをおすすめします。

まず、**1日の自分の言動を見つめ直します。店長が見本を見せているかを業務ごとにチェックしてみる**ことをおすすめします。

冒頭に書いた自ら私語をしてしまう店長ですが、結局、私から指摘しました。すると、「えっ！　本当ですか！」とまったく気づいていなくて、落ち込んでしまいました。もちろん、それ以降は私語を慎み、スタッフと良好な関係を築いています。

「私は大丈夫」と思っているあなた！　いえいえ、必ず、セルフチェックをしてください。落とし穴は、基本的な言動、日常的な言動にあると思ってください。

部下に指導するということは、自分にも指導することと認識しましょう。

□スタッフが持つ3大不満要因

私の経験上、スタッフが抱く店長への不満は、日常のささいなことが積み重なって、大きな不満に発展していきます。そこで、そのささいな日常の不満で、最も多い3つの不満を紹介します。私が実体験から感じたスタッフの不満なので、思い当たる方もいらっしゃると思います。この不満を蓄積させないことが良好な関係を築く上でとても大切です。

①決定した結果だけを伝える「説明不足」への不満

店長がスタッフに決定事項だけを伝えて、その**決定に至ったプロセスが伝わっておらず、**

誤解を生み、不満となっていくパターンです。

例えば、マンネリを打破するために、陳列担当のAさんと、発注担当のBさんの役割を交代してもらおうと店長が考えたとしましょう。そこで、店長がいきなり朝礼で、「これまで、陳列を担当してもらってたAさんには、バッグヤードの担当に変わっていただき、Bさんに陳列担当をしてもらいます」

と、決定事項だけを、発表したとします。すると、Aさんは「店長は私の陳列が不満だから、交代したんだ」と誤解するかもしれません。これは完全な説明不足です。

店長は、悪いようにとらえられているとは思わないので、なぜスタッフが不満に思ったのかわかりません。**とらえ方は千差万別**です。そして、たいていは、いいようにとってくれる場合は少ないのです。

ですから、**決定事項は必ず、その決定に至った過程と理由をワンセットで伝える癖をつけましょう。**さまざまな事項において、店長の説明不足が、スタッフの勝手な妄想を呼び、スタッフ同士で不満を大きくしていく場合が多いのです。

②スタッフそれぞれに調子のよい店長の「二枚舌」への不満

続いて多いのが、店長の二枚舌が原因の不満です。

それぞれのスタッフに調子のいいことをいって、矛盾を生じさせ、スタッフの不満を生み、結果として店長の信頼をなくすパターンです。

例えば、CさんとDさんのトラブルのとき、CさんにDさんのことを少し悪く表現して、Cさんを立てて不満を沈め、DさんにはCさんのことを少し悪いような表現をして、Dさんを立てて落ちつかせる。しかし後で、CさんとDさんが、店長からの対応を互いに話し合ったところ、その都合のいい対応を知り、店長への信頼をなくす、という典型的な二枚舌に対する不満です。

店長は、スタッフと1対1で接しているように思いがちですが、スタッフ同士は仲が悪いように見えても、「つながっている」ということを絶対に忘れてはいけません。

③店長自身がまったく気づいていない「対人習慣」への不満

ほとんどの店長が気づいていない、スタッフの不満ナンバーワンです。

店長は無意識のうちに、次のような対人習慣で接している場合がすごく多いのです。

話しやすいスタッフにたくさん話し、

愚痴りやすいスタッフに愚痴り、

怒りやすいスタッフに怒り、

イエスマンなスタッフを可愛がり、
気の合うスタッフばかりを飲みに誘い、
文句をいうやっかいなスタッフにはご機嫌取りをし、裏で愚痴をいう。
このような対人習慣です。これは、**意識せずに行なっている人が多い、無意識の習慣なのでタチが悪いです。しかし、スタッフはこの習慣をよく見ているものです。**
まずは、スタッフへの接し方を振り返り、感情的に偏った接し方をしていないかを常にチェックしていきましょう。

ここにあげたように、スタッフの不満は、店長が気づいていない、日常の何気ないことから生じているのです。ですから店長は、定期的に自分を見直すことを怠ってはいけません。

□効果のでる人間関係のトラブルミーティングの進め方

人間関係を修復させるためのトラブルミーティングが、どうしても後回しになる店長は多いと思います。なぜなら、まず、売上に直接関係がないということ。売上づくりの営業ミーティングは率先してやるのに、面倒なトラブルミーティングは、後回しにしてしまうのです。

そこで、私は「ちょっと待って！」といいたいのです。

人間関係のトラブルミーティングこそ、率先してやりましょう。トラブルミーティングを後回しにしたがために、スタッフが退職に至った事例、それこそ職場の雰囲気が悪くなり売上が落ちる例は数多くあります。

もっと早く気づいていたり、もっと早くトラブルを収束させていたら、辞めなかったスタッフも数多いのです。

ただ、人間関係のトラブルミーティングは、やみくもにやればいい、というものではありません。やはり、効果的にミーティングをせねばなりません。そこには、店長としてちょっとした工夫が必要です。そんなトラブルミーティングの進め方の工夫をここで紹介します。

【人間関係のトラブルミーティングの注意点】

①できるだけ早くする

人間関係のトラブルは、できるだけ早く解決するのが定石です（ただし、感情的になっているときは避けます）。毎日顔を合わせる仕事では、放置しておくといい方向に進まない場合が多いのです。

心の問題は、悩んでいるうちに解決させたほうが絶対にいいのです。当事者が、退職などを決断した後や、心のシャッターを降ろした後では遅いのです。

そして、大切なこととして、店長はミーティングをするまで、想像で言動しないことです。

②営業ミーティングと分けて考える

営業ミーティングの場で、スタッフから切り出される場合も多いと思いますが、一度、営業ミーティングを終えてから、別に会を設けましょう。2つのミーティングを分けて扱うことが大切です。

相手に心の整理をさせ、改めてミーティングの段取りをすることにより、店長であるあなた自身も気持ちを切り替えてミーティングに臨めます。

③店頭に立ちながらのミーティングはしない

重い話題ほど、腰を落ち着けて、ミーティングをします。きちんと場所を用意して、お互い座ってミーティングをしましょう。

ビジネスマナーQ&A100
新人の「あるある～」な疑問・不安にスッキリお答え！
利重 牧子著　本体1300円

女性リーダーのためのレジリエンス思考術
失敗や困難を克服するための「レジリエンス」の鍛え方
三田村 薫著　本体1500円

図解 新人の「質問型営業」
新人でも営業成績が飛躍的に伸びる！ 質問型営業の基本
青木 毅著　本体1400円

月10万円から！
自分もクライアントも幸せになるカウンセラーのはじめ方
クライアントに感謝される「幸せカウンセラー」になろう！
中村 博著　本体1500円

営業・企画担当者のための英文契約・交渉入門
法律知識がなくても押さえるべき点がすぐわかる基本の書
小澤 薫著　本体2600円

伝わり方が劇的に変わる！
しぐさの技術
好印象を生むステイタス・コントロールのノウハウ
荒木 シゲル著　本体1400円

飲食店経営〝人の問題〟を解決する33の法則
飲食店の〝人の悩み〟は仕組みで解決できる！
三ツ井 創太郎著　本体1500円

仕事にも人生にも自信がもてる！
女性管理職の教科書
働く女性が抱えがちな悩みや思い込みを解消するヒント
小川 由佳著　本体1500円

「愛される店長」がしている8つのルール
スタッフから信頼を得る店長がやっている「自分磨き」
柴田 昌孝著　本体1400円

質問型営業で断られずにクロージング
営業は「質問」で決まる！
ただ質問するだけで、お客様自身が「買いたく」なる！
青木 毅著　本体1400円

説得・説明なしでも売れる！
「質問型営業」のしかけ
お客様に嫌がられずに販売できる「質問型営業」のノウハウ
青木 毅著　本体1400円

「ありがとう」といわれる販売員がしている6つの習慣
〝ちょっとした〟習慣でお客様が喜んで買ってくれる！
柴田 昌孝著　本体1400円

今すぐ身につき、自信が持てる！
新人のビジネスマナー
デスクに1冊あれば、グンと差がつき、自信が持てる仕事のコツ
元木 幸子著　本体1300円

過去問で効率的に突破する！
「宅建士試験」勉強法
「過去問を読むだけ！」で合格をめざす正しい勉強のやり方
松村 保誠著　本体1500円

モチベーションをキープして合格を勝ち取る！
「社労士試験」勉強法
合格への方程式は「品質×時間×目的×習慣」
牧 伸英著　本体1500円

独学・過去問で効率的に突破する！
「技術士試験」勉強法
余計な回り道をせず理系最高峰資格の合格ラインを超える！
鳥居 直也著　本体1600円

3ケ月でクライアントが途切れないカウンセラーになる法
集客の悩みに効果抜群のカウンセラーの成功法則
北林 絵美里著　本体1500円

空き家管理ビジネスがわかる本
注目が集まる「空き家管理」業務のノウハウを図解で解説
中山 聡著／田中 和彦監修　本体1800円

部下からも会社からも信頼される
中間管理職の教科書
ギスギスした職場を変えるリーダーの人を動かすQ&A
手塚 利男著　本体1500円

〝好き・得意〟を教える先生になろう！
「お教室」のつくり方
プロが教える「生徒さんに長く愛されるお教室」づくり
池田 範子著　本体1500円

最新版 図解 よくわかるこれからの
マーケティング
マーケティングの定石と最新知識を図解で徹底解説
金森 努著　本体1800円

一瞬で場をつかむ！
プレゼン 伝え方のルール
本番で緊張せずに「自分のペース」で話す技術
森本 曜子著　1400円

マイペースでずっと働く！
女子のひとり起業 2年目の教科書
起業後の「困った！」を解決する〝経営〟のキホン
滝岡 幸子著　1500円

トップ美容業コンサルタントが教える
驚異のカウンセリング会話術
客単価がアップするカウンセリングノウハウを公開
橋本 学著　1500円

独学で確実に突破する！
「行政書士試験」勉強法
普通の人が、働きながら、独学で合格を勝ち取る方法
太田 孝之著　本体1500円

ビジュアル図解
物流センターのしくみ
経済・流通活動にとって欠かせない物流センターの知識を解説
臼井 秀彰編著／田中 彰夫著　本体1800円

ビジュアル図解
物流のしくみ
幅広い業種と結びついている「物流」の全体像を解説
青木 正一著　本体1700円

「1回きりのお客様」を「100回客」に育てなさい！
90日でリピート率を7倍にアップさせる超・実践ノウハウ
高田 靖久著　本体1400円

スタッフが育ち、売上がアップする
繁盛店の「ほめる」仕組み
どんなお店でもすぐに使える「ほめる仕組み」を大公開！
西村 貴好著　本体1400円

図解 よくわかるこれからの
品質管理
入門者から管理者まで対応、品質管理の手引書
山田 正美著　本体1700円

不景気でも儲かり続ける店がしていること
たちまちお客があふれ出す「コミュニケーション販促」のすすめ
米満 和彦著　本体1400円

エステ・アロマ・ネイルの癒しサロンをはじめよう
お客様がずっと通いたくなる小さなサロンのつくり方
小さなサロンだからできる開業・集客・固定客化のノウハウ
向井邦雄著

④思いつきミーティングは厳禁

相談する側のスタッフも、聞く側の店長も、突然では心の準備ができていませんので、いいたかった本当のことがいえなかったり、感情的になったりと、いい結果になりません。ミーティングは時間が空いたからするのではなく、前もって準備して行ないましょう。

⑤店以外で営業時間内に時間を決めて実施する

気分を切り替えて行なうことが大切なので、店以外の場所でやります。また、営業時間（就業時間）内にやったほうが、互いに仕事の顔で向き合えるので、冷静にことが運びます。

そして、最も大切なのは、最初に「今日は○時までやりましょう」といって、時間を決めることが大事です。たいていの場合、ミーティングは長引いてしまうことが多いです。そこで、仕切る立場の店長が時間配分をして、核心をついていかなければなりません。そうしないと、肝心なことが聞けない場合も少なくないからです。

【人間関係のトラブルミーティングでの聴き方】

①目を見て、相槌《あいづち》をして、うなずいて聴く

ミーティングの基本です。「私はちゃんと聴いています」というサインをしっかりと出しながら聴くことが大切です。そのポイントが、目を見る、相槌をする、うなずくことです。

②怒らない、叱らない、感情的にならない

絶対に感情的にならないことです。怒る、叱るは厳禁です。気づかせる、うながす、注意する表現をしましょう。いつもより、ゆっくり、落ち着いて、丁寧に話すようにすると、説得力が増し、多少の苦言でも相手に伝わります。

③肯定した上で否定する

すぐに「間違っている」と返すと、相手は否定された感情だけが残り、あなたの言葉が、相手の腹に落ちません。どんな内容でも、まずは「そうなんだね」と肯定的に聴き、その後「でもね……」と正していきましょう。

④共感して、体験談をうまく語る

人は、共感してくれた相手に心を開きます。よって、あなたが、相手の気持ちに共感したら、それを表現しましょう。また、「私も同じことで悩んだことがあるよ」と、自分の同体験を語ると、よりあなたの言葉が相手に届きやすくなります。体験談で共感しましょう。

⑤長引いてきたら「では、次に」「ところで」と、整理して進む

長引く場合が多いので、店長であるあなたが時折、「では、次に聞きたいんだけど」「ところで」と、言葉を挟み、会話の流れをコントロールしましょう。

【人間関係のトラブルミーティングの極意】

①思っていることをすべて吐き出させる

これは、人間関係トラブルミーティングの目的のひとつです。そのスタッフが思っていることを全部吐き出させ、店長が親身に聴いて受け止めましょう。そうすることで、相手のストレスをかなり軽減することができます。

②一方のスタッフの不満のみをうのみにしない

一方的にひとりのいい分だけを偏って聴き、それをうのみにして、そのスタッフをかばう対応をして失敗した店長は多くいます。不満の強いほうが、もっともらしいことをいう場合が多いのです。そこで、双方の意見を平等に聴き、冷静に対応することが大切になります。

③双方の主張から誤解点を出し、それを解決する

前にも述べたように人間関係のトラブルの8割は誤解が招いています。よって、双方の主張を聞いた後、互いの誤解を洗い出し、両者の誤解をしっかりと解くことが解決につながります。

④トラブルの内容によっては、毅然とした態度で応対する

話や主張を聴いていると、意地悪な感情やいじめ感情、いびり、といった悪意のあるトラブルが見えてくる場合が多々あります。これはかなりやっかいです。こういう場合、いったん解決したように見えて、水面下で続く場合が多々あるからです。このような場合は、中立的な立場で毅然とした態度で臨みましょう。深刻な場合は、あなたの上長に相談し、会社として対応してもらうことも必要です。

⑤2人の仲を3者間ミーティングで仕上げる

ある程度それぞれの誤解が解けた場合、そこではじめて当人同士を改めた席で会わせ、あなたが仲を取り持ちます。ここは食事や多少のお酒が入る席でもいいと思います。そして、最後は同じ仲間同士として、今後の同じ目標を共有させます。ここで最終解決となります。

最後になりますが、人間の決断とは不思議なもので、スタッフが退職を決断する前日にミーティングを行なっていれば食い止められた退職でも、たった1日遅れて、退職を決意した翌日にミーティングをしても、もう決断は変わらないものなのです。

「まだ大丈夫だろう」と、長引かせている間に、手遅れになった事例を多く見てきました。ですから、できるだけ早くミーティングを行なうことを心がけましょう。

また、問題が起こったときだけ営業外ミーティングをするのではなく、できれば**定期的に行なうことが望ましい**と思います。

5章

信頼される店長が愛される

□〝当たり前のこと〟が信頼につながる

人間関係の中で、**最も強いつながりが、信頼関係**です。しかし、信頼関係という言葉ほど、抽象的な言葉もありません。そこで、私は、信頼関係の築き方をこう考えています。

店長の信頼とは、〝当たり前のこと〟をしっかりとできることだと思います。

何も、強烈なリーダーシップを発揮するということでは決してありません。逆に、日々の仕事の中で、当たり前のことができていないときに、信頼を失います。

例えば、

怒りやすいスタッフばかりを怒り、

愚痴りやすいスタッフばかりに愚痴り、

慕ってくるスタッフばかりを可愛がる。

こんな店長には、自然と不信感を持ちますよね。なぜなら、店長として当たり前である公平な対応が欠落しているからですこわいのは、当たり前のことが欠落しても、店長自身が気づいてない場合が多いことです。だからこそ、店長として自分のチェックを怠らず、当たり前のことを確実に実行すること。これが重要なのです。

信頼は、一朝一夕でつくれるものではありません。あなたが日々、当たり前だからこそあまりフォーカスされないことでもしっかりとやっている姿が最も大切といえるのです。

信頼関係を築く〝店長の当たり前〟とは、「公平」以外に、具体的にはどんなことでしょう？　これから考えていきましょう。

□有言実行の数だけスタッフからの信頼を得る

私が前職の呉服販売をしていたとき、M店長という店長の下で、2年間直属の部下として働かせていただきました。私がM店長を尊敬していたポイント、それは、**自分がいったことはどんなことでも、有言実行されること**です。

いったことをきちんとやる。当たり前のようですが、私はいったことをきちんとやる上司は実際には意外と少ないと思っています。

M店長は、常に手帳を携帯し、自分のいったことを赤ペンで書いていてらっしゃいました。

あるとき、私が、「自分のいったことが赤ペンなんですね」と聞いてみると、M店長は、「たいてい手帳には相手がいったことをメモるだろ？　だけど、相手から聞いたことってあまり忘れないもんだよ。それよりも忘れるのは自分のいったこと」とおっしゃったのを忘れません。そして、こう続けました。

「俺は自分のいった些細なことほどメモるようにしている。些細なことほど忘れるだろ？だけど、相手は些細なことほど覚えてるんだよな。そして、できるだけ**有言実行の数を増やす！**　俺が『やる』っていったことを忘れずに実行するんだ。その数が多ければ多いほど信頼になる。だから、自分のいったことを確実にメモって、確実に実行に移し、確実に信頼を得ていくんだ」

自分でいったことを忘れて、実行せずに有言無行で信頼をなくす店長は多くいます。すると、「〇〇店長は、口だけは達者だけど、いうだけでやらないからね」と、陰口をいわれてしまうのです。

また、自分でやるともいわず、実行もしない無言無行のネガティブな店長もいます。それでは「〇〇店長は、ほんと頼りないよねぇ」といわれてしまいます。

やはり、愛される店長は、有言実行が大切です。そして、**有言実行の数が多ければ多いほ**

ど、**信頼される**のです。

有言実行がなかなか身につかなければ、自分の発言を書き留めるために手帳を常備してください。「自分がいったことを忘れない」。それが、あなたの信頼の第一歩です。

□すぐやる信頼感。時間とは信頼

「スタッフからの頼まれごとは、信頼を築くチャンスです！」

こう宣言するのは、店長に就任してから、わずか1年でスタッフをまとめ、急成長させ、店の売上を1・5倍にした岩本店長です。

「頼みごとは相手も申し訳ないと思ってお願いしてくることが多いので、しぶしぶやるのではなく、明るく引き受けます。そして、最も信頼関係を築くのに大切なのは、『すぐやる』ことです。頼まれたとき、『必ずやる』のは当たり前。頼まれたら、『**必ず、すぐやる**』**こと**が信頼される条件です。速さとは信頼なんです」

これは、岩本店長にスタッフから慕われる秘訣を聞いたときに出てきた言葉です。

店長はまず、仕事での信頼を部下から得ないといけません。部下をまとめることは、すなわち信頼を得るということです。

仕事での信頼感は、極端なことをいうと、**依頼された仕事をいかに速く正確に返せるか、**ということに置き換えられます。

速く正確であればあるほど、その信頼感は増します。

私は以前、講師の仕事で一緒になった方から**「急ぎの仕事は忙しい人に頼め」**という言葉を聞きました。少し驚いた私は、「忙しい人に、急ぎの仕事を頼むのですか？　大丈夫ですかね。ちょっと不安に感じますが」と聞き返しました。すると、その方はこうおっしゃいました。

「柴田さん、考えてみてください。忙しい人は、時間がない人です。だから、仕事を速く正確に行なうことに長けています。そんな方が仕事を請けてくれた場合、すぐにやってくれます。私の経験上、時間がある人のほうが仕事は遅いです。時間がたくさんある分、時間に対して無頓着なんですよね。だから絶対に忙しい人のほうが信頼できます」

なるほど、と思いました。

時間は信頼なのです。

特に岩本店長の言葉で記憶に残ったのは**「頼まれごとは信頼を築くチャンス！」**。私には目からウロコでした。

頼まれたときこそ、相手の想像以上のことを返してあげると、信頼感がぐっと増すのです。

仕事上の信頼とは、「あなたに頼めば、正確だし、何より速くやってくれる」と思われることで築き上げられるのです。これがスタッフとの関係を強化する秘訣です。

□愛される店長は、共感してから教える

私が呉服店に勤めていたときの話です。尊敬する男気溢れる大先輩、大澤さんの「お前さぁ、いい加減にしとけよっ！」という凄みがかった怒りの言葉。

誰もが萎縮してしまう言葉でしたが、何度いわれても、誰ひとりとして大澤さんを愛していない部下はいませんでした。

ある休日のこと、私はお客様と店で待ち合わせの約束をしていたことをすっかり忘れてしまいました。店から電話がかかってきたときはすでに待ち合わせ時間。電話からは、大澤さんの「何やってんだよっ！」という怒鳴り声が響きます。

「すみません！　すぐに向かいます！」と飛び起きて店へ向かいました。

案の定、こっぴどく叱られたのですが、その後、大澤さんはこういいました。

「俺も若いときに、同じように約束を忘れたことがある。そのときはな……」

大澤さんはいつも、指導したり、注意したりするときには、**自分の体験を添えて、**怒り、叱ります（でも本当にこわいです）。

そう、大澤さんは「俺もお前と同じだったよ」、「そうだよな」と共感してくれるのです。共感とともに叱るのです。

共感して叱られるので、我々部下は素直に聞くことができました。

きっと、共感がなければ、単なる上から目線のこわい指導です。**「そうだよな」「俺もその心境はわかるけどさ」と共感して指導するスタイルが、部下から愛される要因**でした。

先日、テレビで、「理想の上司」という特集をやっていました。理想の上司1位は「自分のことを理解したうえで指導してくれる上司」だそうです。

共感することに重きを置き、部下との関係を築いていくことは、愛される店長・上司の大切なスキルだといえます。

□マルキューーの店長たちは、もっと共感する！

私は、渋谷のエクセルホテル東急で開催されるＳＨＩＢＵＹＡ１０９の店長研修会に、２

度お招きいただき、講演をさせていただきました。

ＳＨＩＢＵＹＡ１０９、通称マルキューといえば、ギャルの聖地として、若い女の子の圧倒的な人気と支持を得ているカリスマ的商業施設です。渋谷のシンボルといっても過言ではありません。

そんなには広くない施設面積に１２４ものアパレルショップがぎっしりと並び、ショップ同士が館内生き残りをかけて売上を目指す、そんな施設です。まさに、ショップ店員にとっての戦場といってもいいでしょう。

そんなマルキューの店長たち１００名以上が集まる中で講演をしました。最先端のファッションに身を包んだ店長たちは、私の講演が始まると全員、圧倒されるくらい熱心に私の話に集中してくれ、その見た目とのギャップに驚いた覚えがあります。

講演後、ホテルの広間で受講者である店長たちとの懇親会を開催してくださいました。2時間熱く語った私は、喜んで参加させていただきました。私は勝手にマルキュー店長たちはきつい性格だろうと思っていたのですが、そのイメージとは正反対で、気さくで親しみやすく、とても楽しい時間を過ごせました。

そんなとき、20代半ばの女性店長が現れました。この店長が熱かったのです。

講演には間に合わなかったらしく、懇親会会場では、到着後すぐに私のところへ来てくれました。

「○○の店長の○○と申します。先生のお話をお聴きしたかったのですが、店でのミーティングが終わらずに参加できませんでした。大変申し訳ございません。本当に残念でした。……なので、懇親会ではお話しさせていただこうと思って来たのですが、これからちょっと化粧を直して、また来ますので」と出て行こうとしたので、私は「えっ、化粧直しに行かれるのですか?」と聞くと、こう答えられました。

「はい。実は今までスタッフミーティングをやっていました。スタッフの行動や発言が店のことを考えない自己中心的過ぎるものだったので、注意をしていたのですが、売上をつくりたい気持ちが暴走して自己中心的になっていたスタッフの心境を聞いていると、私の新人時代を思い出して、共感しちゃって、最後は、そのスタッフと2人で泣きながら『頑張ろうね!』って誓って、励まし合ってたんです。先生、すみません、そんな理由でまつげが取れて、化粧がバタバタなもんですから、直して来ます!」

と、さっきまで泣いていたであろう顔を満面の笑みにしながら行ってしまいました。

熱いです。この店長は10名のスタッフをまとめ、数億の売上をつくっているマルキューの有名カリスマ店長でした。

大きな売上をつくっている華やかな店の舞台裏は、笑顔と叱咤と、そして、涙でつくり上げられているのだな、と本当に胸が熱くなりました。

ビジネスというドライなモノとは正反対の、人間同士がつくり出す熱いぶつかり合い。そんな喜怒哀楽が、強いチームをつくっているのだと感じました。


共感する店長は、部下から逃げず、真っ向から向き合っています。


不良高校の熱血教師が、最初は心が通じない不良生徒とぶつかり合って、真剣勝負で向き合っているうちに、互いの立場を越えて理解し合い、強い人間関係をつくる。そんな青春ドラマを見ているようでした。

立場を超えて指導をするならば、立場を超えて共感し合い、人間同士の付き合いをしないといけないんだ、と思わせてくれたSHIBUYA109の懇親会でした。

これが、年間数億の売上をつくり、アパレル業界を引っ張るSHIBUYA109の店長たちなのです。

□相手を変えたいなら、まず理解者になる

10年前、我が社にAさんという小柄ながらも、眼力があり、しゃべりがうまく、ちょっと生意気そうで、男勝りな女性が入社してきました。

最初の印象は決していいとはいえませんでした。何かと「私はこう思います」と自己主張が強いタイプで、当時の店長も手を焼いていました。

しかも、仕事のことをいろいろという割には、「○日は、お休みいただきたいです」と、希望の休日もはっきりと要求してきて、店長や他のスタッフたちには、煙たい存在となっていきました。

「もっともらしいことをいうけれど、責任は取らない」というタイプに見えました。

店長はAさんの愚痴を漏らし始めました。さすがに扱いづらくなっていったのです。ひとりのスタッフの言動に振り回されていたら、他のスタッフに示しもつきません。私自身も、どうやったらAさんを変えられるのか悩みましたし、店として「やっかいな存在」となるのであれば、それこそ、退職してもらおうかとも思いました。

ただ私には、ひとつだけAさんを買っている点がありました。

それは、発言の内容が、お客様視点でブレがなく、私の考えと一緒だった点です。だから、何とかAさんを変えることができないかと考えあぐねました。

そこで、私がしたことは、当時Aさんも私も吸っていた一服のタバコに誘うことでした。そこで、Aさんの前職から生い立ち、考え、性格など、いろいろなことを聞き、受け入れていきました。そうやってAさんの懐に入ることにしたのです。

Aさんの生意気な発言や自己中心的な部分を否定することは決してしませんでした。私はAさんの理解者になることに徹しました。そして、Aさんも徐々に「柴田社長は、私のことを理解してくれている」と思い始めてくれたようでした。

すると、Aさんは仕事の悩みを語ってくれるようになりました。

そうやって互いに理解を深めていく中で私は、「Aさんはせっかく考えがいいんだけど、もうちょっと相手の立場に立ったいい方に変えれば、理解されると思うぞ」というふうに指導を始めました。Aさんは、「えっ、そうですか?」といいながらも、少しずつ私の指導を受け入れていきました。

しばらく経ち、Aさんは「サブ店長」というポジションになりました。これにより、Aさんは頭角を現すようになります。

実は、このAさんこそ、本章でも登場した岩本店長です。店長就任後に年間8千万円だった売上を1年で1億2千万円にのし上げた敏腕店長の岩本さんなのです。

私はこう考えています。

あなたが、相手（部下スタッフ）を変えたいと思うなら、まずしないといけないことは、相手を否定したり、相手の愚痴をいったりすることではなく、**相手の懐に入り込む**ことなのです。つまり、相手の理解者になることから始めるのです。

なぜでしょう。それは、どんな人だって、例外なく自分を理解してくれる人のいうことを、一番聞くからです。あなたが相手の愚痴や否定をしているようでは、絶対に相手は心を開いてくれないでしょう。

理解者になり、あなたの指示を聞いてもらう土壌をつくることが「急がば回れ」で、信頼を得るためにも最初にすることなのです。

また、叱るということも一緒です。私は、相手のことをよく理解してから叱ります。あまり相手のことを知らずに叱ると、誤解されたり、関係がこじれたりすることもあります。意志が通じないときもそういう場合です。

しかし、残念ながら、あまり知らない相手に対して叱ることが多く見られます。

叱るとは、本当に相手のよい点も悪い点も知っているからこそできる最高の指導法です。事例からもわかっていただけたと思いますが、相手の理解者になれば、相手は必ずあなたの指導を信頼して受け入れてくれるのです。まずは、相手と向き合いましょう。

□その場で注意する力

店長向けの講演の後、さまざまな店長たちから悩みを聞いて、アドバイスをさせていただく中で、感じることがあります。

それは、**はっきりとものをいう店長の店のほうが、スタッフの離職率は低く、育っている**ということです。

逆に、スタッフが辞めることを気にして、気を遣って遠まわしに発言する店長の店は、離職率が高いのです。

一見、逆のような気がするかもしれませんが、これは事実です。

我が社に宮嶋さんという女性店長がいます。さばさばとした性格で、相手にははっきりと思ったことを伝えていくタイプです。販売の経験がまったくなく入社してきたのですが、持ち前の姉御肌と気合いでスタッフをまとめ、たった1年で店長となり、それから現在までの2年間、退職者は0人で、店の売上を150%伸ばした優秀な店長です。

はっきりとスタッフにものをいうので、一見きついイメージがあるのですが、部下の評判は「はっきりとしていて、信頼ができる店長」と、すこぶるいいのです。

もちろん、店の売上を150%伸ばした最大の要因は、スタッフが退職せず、着実に育っていったからです。店長ひとりの力で、1・5倍の売上は無理です。店全員のモチベーションと販売力の両輪がなければ、ここまでは上がりません。

そこで、宮嶋店長に、「スタッフがしっかりと育つ秘訣は何?」と聞いてみました。

「私は、とにかく**スタッフの間違いはすぐにその場で注意**します。後で注意しても、スタッフによっては、何をいわれているのか、わからない場合もありますし、その場で注意したほうが、スタッフもわかりやすいんですよ。

そして、フォローもその場でします。指導とフォローはワンセットですぐにやるんです。

そして、いいにくいことほど、いうようにしています。こちらがいいにくいことほど相手にとっては大切なことだと思うからです。店長である私がいわないと、スタッフに申し訳ないじゃないですか」

と、どんどん言葉が出てきました。

そして、我が社で離職率の一番低い店の中川店長も同じことをいいます。

「私は、スタッフの直してほしいことは、直接はっきりといいます。いったときは相手も落ち込みますが、最後はいったことを感謝してくれ、信頼してくれることのほうが多いんです。信頼感とは、苦言をはっきりといってくれる上司に生まれるものだと思っています。そのスタッフのためというのと同時に、お客様のためにも、スタッフには心を鬼にしていうようにしています」

離職率の低い店を担当する2人の店長が同じ意見をいっています。また、2人に共通している点は、物事をはっきりいうけれど、細かい気配りを忘れず、フォローをその日のうちにすることとです。

そこで、スタッフが辞めず、信頼される店長の条件はこの2つです。

①スタッフの直してほしい点は、その場で直接伝える

②必ず、その日にフォローをする

はっきりいうとスタッフが傷ついたり、落ち込んだりしないだろうか、自分のことを嫌いにならないだろうか、と相手の顔色を見て対応をしていませんか？　スタッフのために、はっきりと苦言をいいましょう。そのほうが、部下がついてくるのです。

□最もわかりやすい部下育成は手本を見せること

すでに何度も登場している私の呉服店時代の師匠、大澤さんは、我々後輩に慕われているだけでなく、仕事においてもとても尊敬されていました。

大澤さん以外の上司は指導の際、「あれじゃだめだ、こうしろ」と、言葉で徹底的にいわれます。ところが、大澤さんはそんな先輩方と違いました。

それこそ販売で確固たる実績を残された大先輩なので、どんな話術を使われるのかと思いきや、その逆なのです。

大澤さんは、ポイントだけを伝えた後にいつもこういわれます。「じゃあ、次の販売で俺がやってみるから、見とけよ！」と。

この言葉は、なかなかいえそうでいえない言葉だと思います。

そこまでして教えることへの熱意や情熱があるということに驚きます。後輩に**ひとつのことを教えるのに、あえて自分でやってみせる、**ということはすごいことです。

やってみて失敗しても「ちょっと今のは悪い例な！」と豪快に笑ってやり過ごす姿も我々後輩に親しみを与えたのです。

「やって見せる」、これぞ大澤さんから学んだ私の理想の指導法です。

あるとき、大澤さんがこういっていたのを思い出します。

「理想の上司とは、やり方を口で教えてくれる上司ではなくて、やり方を目で教えてくれる上司だ。どれだけ言葉で具体的に教えても、一番具体的なのは目の前で見せることだ。

例えば、「お客様に誠意ある対応をしなさい」と指導をする上司がほとんどだけど、本当に部下が望んでいる上司とは、その「誠意ある対応」とは具体的にどんな対応なのかを見せてくれる上司なんだよな。

これは、部下にとっては実にありがたい。なぜなら、**口だけの指導の成果は、部下のイメージに委ねるけど、目で見せる指導は、具体的で、すぐに真似できるからな。**

しかし、目で見せるためには上司も自分自身を成長させないといけない。これが、部下を持つと上司が伸びるっていわれる理由だな」

私は、本当にその通りだと思いました。それ以降、私はできるだけスタッフに販売を教えるときは、自分でやって見せるようになりました。

もちろん、成功ばかりではありません。しかし、たとえ失敗しても、スタッフが私を慕ってきてくれることが、すぐにわかりました。

口だけで指導する上司が多い中、部下に目で見せようとすれば部下は信頼し、絶対についていくのです。

6章

スタッフを活かす店づくりチームづくり

□スタッフを引っ張る必要はない

店長の職責をひと言でいえば、「店のスタッフをまとめあげ、成果を出すこと」です。これが、あなたに与えられたミッションです。

こういわれると、鼻息が荒くなり、肩に力が入る人もいるでしょう。「スタッフをまとめあげる」だなんて、よほど自分の考えを押し通して、自分の色にスタッフを染めなければいけないような気さえしてしまうかもしれません。中には、「スタッフを引っ張るなんて、私には、無理」と腰が引ける人がいるかもしれませんね。

いいえ、引っ張る必要はありませんし、あなたの色に染める必要もありません。

そんなことができるなら、きっとスタッフ育成に悩んではいないはずです。

スタッフを引っ張ろうと意識すると、強い店長を演じなくてはならない、と肩に力が入るものです。「なめられてはいけない」と自分勝手になり、スタッフの反感を買ってしまう店長もいます。間違った意識が関係を悪化させることは多々あります。

もっとシンプルに考えてください。

あなたはスタッフを引っ張るのではなく、**スタッフを活かし、彼ら、彼女らの力を最大限に引き出す**のです。そして、**スタッフの力を借り、助け合えるチームをつくる**ことです。

これが、チーム力となります。

これなら、できそうな気がしませんか？

店の主役はまずはお客様、次は店長ではなく、スタッフです。ここをわかっているかどうかが、分かれ道です。私の見てきた、「スタッフを育てる愛される店長たち」は、スタッフを引っ張って店をまとめているのではなく、スタッフを活かして店をまとめ、結果を出しているのです。

本章では、そんな「スタッフを活かす店づくり、チームづくり」について、愛される店長たちの成功事例を紹介していきたいと思います。

□スタッフは必要とされるから働く

本社を富山県に置く私の会社が、はじめて他県に店を出すことになり、その新規店の店長として、隣の石川県の店舗に赴任してくれたのが、古谷さんという店長でした。

当時、古谷店長には介護中のお母様もいらっしゃって、転居ができなかったので、自宅から通勤する形となりました。車で片道100キロ弱を毎日です。

「運転に気をつけてな！」という私に、「ありがとうございます！　頑張りますから」と、遠距離の通勤を、介護もある大変な生活の中で、まったく弱音や愚痴、不満をいわずに頑張ってくれました。

そんな、我が社の多店舗展開の1番の功労者でもある古谷店長が、5年間の勤務を経て、転居を伴う結婚のために退職することになりました。

その送別会のとき、古谷店長が最後の挨拶でいった言葉が私には忘れられません。

「会社の入社面接は、社長が面接してくださったのですが、何社も転職を、それまでひとつの会社で長続きしなかった私の職務経歴書を見て、『職歴に何社も書いてあるけど、いろいろな勉強をしてきたんですね』とおっしゃいました。それまで受けた他社の面接では、たくさんの転職歴を、長続きしない飽き性の欠点としてとらえられることばかりだったので、『いろいろな勉強』と、長所と見てくださったことにすごく感動したのを覚えています。

そんな始まりで採用していただきました私は、自分を拾っていただいたこの会社にできるだけ力になりたいと思い、頑張ってきました。

そして、何度もくじけそうになり、辞めようと思ったこともありましたが、私がここまで続けられたのも、社長が私のことを必要としてくださったからです。

『私が必要とされていること』それこそが、私のやりがいでしたし、嬉しかったんです。そして、頑張ることができました。他の会社では、仕事で必要とされていると感じたことがなかったんです。私を必要としてくれた会社、社長に心より感謝申し上げます」

そのときに私ははじめて、古谷店長が5年もの間、母親の介護と店長という激務の両立をしながら頑張ってくれていた本当の理由を知りました。私は勘違いをしていました。古谷店長は、店長だから、その責任で頑張っていたのだと思っていたのです。

人にはそれぞれ働く動機があります。生活のためだけに働く人もいれば、出世を目指して働く人もいます。賃金を目標に働く人もいらっしゃるでしょう。自分磨きの人もいます。

しかし、だれにとっても**一番強い、働く動機は「必要とされている」ということ**なんだと思いました。

人は、やりがいがないから仕事を辞めるのではなく、また、向いていないと思うから辞めるのではなく、「必要とされていない」と感じるから辞めるのです。

逆に考えると、**店長がスタッフ全員を必要としてあげることが、定着率を上げ、強いチームをつくる秘訣**であるともいえます。あなたは、スタッフにその気持ちを表現していますか？

□愛される店長は店長不在日の売上が高い

5章にも登場した岩本店長ですが、彼女は初年度8千万円の年間売上だったショップを、わずか1年で1億2千万円、つまり150%アップさせた優秀店長です。

彼女の店のすごい点は、店長が休日や出張の日の売上がまったく落ちないことです。いや、落ちないどころか、むしろ店長不在日のほうが売上が高い日が多いのです。

岩本店長は笑顔でこういいました。

「私は、休日に店から何度も電話がかかってくるのが嫌なんです。そして、私の休日に店がだらけるのも嫌です。だから私は、**スタッフが自主的に考え、応用をきかせて動く店づくり**を目指しているんです。だって、休日は私だってのびのびしたいじゃないですか！」

そんな岩本流指導法を紹介したいと思います。どんなにすごいことをやっているのだろう、と思われた方、ちょっとがっかりさせたらごめんなさい。実に単純なことです。

岩本店長はいつも、**「○○さんはどう思う?」**と聞いているだけです。

例えば、こんな感じです。

スタッフ「今日入荷したあの商品はどこに陳列したらいいですか？」
店長「あの売れそうな新作ね。そうねぇ。〇〇さんはどこがいいと思う？」
スタッフ「私ですか？（ちょっと考えて）ショーウィンドウなんてどうですか？」
店長「いいわねぇ。でもなんで？」
スタッフ「えーっと、やはりすごく素敵な商品なので、多くのお客様に見てもらいたいので、1番目に入るショーウィンドウがいいかなと思いまして」
店長「なるほど！ それはいいわね。でもさ、ショーウィンドウって、手で触れないじゃない？ かなりの数は売れると思うから、お客様に触ってもらうことも考えて、ショーウィンドウとその近くのマネキン。両方に陳列しようか！」
スタッフ「はい！ やってみます！」
といった具合です。これはほんの一例です。

岩本店長は、最終的に店長である自分が判断することになろうとも（答えを持っていても）、いったんスタッフに問いかけて、**相手に考えさせる**癖をつけています。
また、スタッフが考えていったことをすぐ否定することは絶対にありません。なぜなら、否定された人は、次回から考える行為をやめ、指示を待つようになるからです。

そして、スタッフの考えがお客様のためを考えている場合はもちろん絶賛し、そうでない場合はお客様のために判断するという基準を説明して指示します。

こうすることで、店でのあらゆる判断が、お客様を最優先して考えなければいけないという原理を教えているのです。つまり、チームで統一した判断が持てます。

このやり方は、スタッフに応用力を持たせます。

結論だけを指示していると、スタッフは応用を学びません。結論はどうであれ、その結論に至った理由を原理に沿って教えると、スタッフは原理を学び、応用できるようになります。

お客様を第一に考えた原則を持って応用すれば、店として飛躍的に魅力を増します。

岩本流指導の下では、いつもスタッフたちが自分で考えるという最も仕事で大切な〝やりがい〟というものを手にしていきいきと働いています。

□親がありがたい理由

あなたはうれしいことがあったとき、誰に真っ先に報告したいですか？

この質問に対して、「親」と答える方は多いと思います。

では、なぜ親なのでしょうか？ それは、その**うれしいことを自分のことのように喜んでくれる存在**だからです。だから、まず伝えたいのです。

前述した、私の前職の上司、大澤さんですが、何度もいいますが、怒るととんでもなくこわい方です。しかし、私たち後輩が個人予算を達成したり、よく売れたりすると、自分のことのように喜んでくれます。

私が売れると、「今日は柴田が売れて、うれしいからおごっとくわ！」と誘ってくれました。私はいつも個人予算を達成すると大澤さんに報告しました。「おーっ！ よかったな！」と一緒に喜んでもらえるからです。

本当の親のように喜んでくれました。その代わり、親のように叱られます。でも、私たち後輩は、叱られても大澤さんがいうのだから、いわれたことをしっかり直そうと努力をしました。なぜなら大澤さんは、いつも「親のように」思ってくれていると感じていたからです。

あなたがスタッフに慕われていない、溝があると感じるならば、考えてみてください。スタッフのうれしかったことを親のように喜んであげていますか？

店長は、店という組織においては親の役割を担っているのです。

□叱れない店長はスタッフを巻き込み、自分の店だと思わせる

A店長「社長、うちの店の個人売上を撤廃していただけませんか？」

私「A店長ね、個人売上をなくすってことは、スタッフの意識を相当上げないと目標を見失うことにもなりかねないし、店長不在日にさぼるスタッフも出てくる可能性もある。店のオペレーションが崩れるかもしれないよ」

A店長「そこはしっかりと管理します。それでも、スタッフの意識を店単位に向けさせたいのです。実は最近、店の空気がよくありません。それは、少ない客数をスタッフで取り合い、本来は個人レベルの向上を図るはずの個人売上制がうまく機能されてないのです。客数が少ないからこそ、店として協力し、セット率や客単価を上げる店単位の行動に移したいのです」

私「よし！　わかったよ。A店長がそこまで考えているなら、やってみよう！」

と、私は納得し、A店長の考えでやってみることにしました。

A店長は、スタッフとのコミュニケーションは得意ですが、強い指示や指導ができないタ

イプ。指導するとスタッフが辞めてしまうのではと心配してしまい、それができないのが悩みの店長です。

実は、この話がある数日前、A店長とのミーティングのときに私はこうアドバイスしていたのです。

「A店長は入社以来、性格や気質は変わらないよな。優し過ぎるんだよな。でも、それが強みでもあるからな。

そこで俺からの提案だけど、あなたの強みは、コミュニケーション力と、スタッフからの人望。欠点は、強いリーダーシップを取れないこと、叱れないこと、怒れないこと。

これまで、A店長の欠点を直そうと思っていたけれど、今年からはやり方を変えてみよう！強いリーダーシップなんていらない。逆に、スタッフを巻き込んで全員で店づくりをしていこう」

と、あえて短所を長所に変える方法を取ったのです。そこで、出した指示がこれです。

「強烈なリーダーシップで店を引っ張るのではなく、**スタッフの意見を取りまとめ、全員野球で勝て！**」と。

そこで、A店長から出てきたのが、前述の個人予算の撤廃です。

A店長は、店予算を徹底的にスタッフにこだわらせました。まず、個人予算を撤廃する趣旨を一人ひとりに丁寧に説明し、理解に務めました。個人予算がなくなることは、個人の負担がなくなるという意味ではないという点です。

そして、店予算を日別予算、時間帯予算に分けて、時間のくくりで数字を追わせました。また、半月に1度、**全員ミーティング**を開始。仕事が終わった夜21時半から行ないました。子供を寝かせた後のパートさんも参加させることで、**連帯感を強める**ことにしました。A店長は「最も販売するのがパートさん」と考え、パートさんの意識アップが店予算達成には不可欠だと認識していたのです。

この成果は1ヶ月ほどで出始めました。パートさんまでもが翌朝出勤するとすぐに、「昨日は、目標予算に届かなくて残念です。今日は私が朝から飛ばします！」という具合です。完全に店の数字を把握してくれるようになったのです。

店のルールは、すべて「全体ミーティングで決める」に徹して、参加型の店づくりを推進しました。

そして、A店長は、私にこうお願いしてきました。

「社長！　生意気なお願いをするようですが、店に来られたときに、必ずうちのスタッフに

『今日の店予算は?』とか『今の売上いくら?』と聞いてもらえませんか? 社長に聞いていただくのが、何よりもスタッフの意識の向上になると思うのです」

もちろん、「OK! そんなことはお安い御用。どんどん俺を使ってくれ!」といいました。

スタッフを叱れない店長が、いかにスタッフを巻き込み、一丸となって結果に結びつけていくのか、私自身もA店長のやり方に興味深々でした。A店長が成功すれば、たくさんの「叱れない店長たち」に新しいマネジメント方法を提案できる、と思ったからです。

結果として、店は好転しました。なんと、1億2千万円だった年間売上を、個人売上を撤廃してから1年で3千万円も上乗せさせ、年間1億5千万円まで伸びました。

「スタッフを叱れないこと」を私はこれまで散々A店長に指導してきましたが、彼女は叱るより、スタッフを巻き込むことで、店長としてのアイデンティティを確立し、結果を出しました。

叱れないなら、巻き込め! A店長から学んだことです。

愛される店長は、「売る」という言葉を使わない

私は販売のコンサルタントとして、人気靴ブランド「エスペランサ」等を展開する神戸レザークロス株式会社の販売マニュアルの作成支援の依頼をちょうだいしました。

そこで私がまずご提案させていただいたのが、**「店頭クレドをつくろう」**というものでした。

クレドとは「理念」のことです。なぜ、クレドが必要なのでしょうか。

我々販売員は、「売る」という仕事が本当の仕事ではないからです。

「売れ、売れ、売れ」、ずっとこの言葉をいわれて指導されたら、頭が反応しても、心は反応しなくなります。もしかしたら売る仕事が嫌になるかもしれません。

そこで、**「売る」という言葉以外で、この仕事を肯定する言葉が必要**なのです。それが、販売業における店頭クレド＝店頭理念です。

売るのに疲れたら、売るという行為を他の表現で咀嚼して消化しなくてはなりません。

例えば、
売るということは、お客様を喜ばせるということと同じです。
売るということは、お客様から信頼を得るということと同じです。
売るということは、お客様に「ありがとう」といわれることと同じです。
売るということは、お客様の買い物の悩みを解決することと同じです。
そして、売るということは、お客様のお役に立つということです。

売ることに疲れたとき、なぜ売れないんだと悩んだとき、仕事に疲れて辞めようかと思ったとき、私たちは**「売る」という店側からの視点、発想から解放されなくてはなりません。**「お客様のお役に立つ仕事」、この理念的発想が勇気をくれ、折れそうな心を回復させてくれます。

うまくいっていない店長は、「売ろう！」と連呼することで、スタッフが売ることを嫌いにさせていっています。

愛される店長は、「売ろう！」という指導をするのではなく、クレド（理念）を通じて、売る行為を別の言葉で伝え、お客様視点のやりがいに変え、スタッフの気持ちをポジティブにして、この仕事に誇りを持たせています。

店頭クレド

Ⅰ. 私たちは、明るく、かわいく、元気よく、お客様の記憶に残る事を目的として店頭に立ちます。

Ⅱ. 私たちは、トレンド感のあるおしゃれ提案をする事を目的として店頭に立ちます。

Ⅲ. 私たちは、1人でも多くのお客様に満足して頂き、笑顔で帰られる事を真の目的として店頭に立ちます。

私は、2010年に『「ありがとう」といわれる販売員がしている6つの習慣』（同文舘出版）という販売員向けの本を書きました。この本は、ありがたいことに、販売員の方はもちろん、その他幅広い読者の方に読んでいただいております。読者からは、「タイトルが気に入って手に取りました」という感想を多く聞きます。

ビジネス関連の本は特に、まずタイトルにひかれないと手に取られません。この本も、『「ありがとう」といわれる販売員がしている』の部分が、「売れる販売員がしている」だったらどうでしょう？「売るためのノウハウ本」というイメージですよね。売り手側のテクニック本という感じで私は好きになれません。「売る」という言葉は、なかなか心に響かないものです。

そこで「売れる販売員」ではなく、「『ありがとう』といわれる販売員」というクレド的キーワードが幅広い読者に手に取ってもらえた理由ではないかと勝手ながら思っております。

冒頭の話に戻ります。神戸レザークロスでの店頭クレドの作成では、マニュアル作成委員会の販売員さんと共に、みんなで意見を出し合い、我々がなぜ店頭に立つのか？　その意義を出し合いました。

右記に、そのマニュアルの冒頭に掲げた神戸レザークロスの店頭クレドをご紹介します。

この仕事に心が折れそうなとき、このクレドを見てやりがいを取り戻すのです。

□スタッフ同士で「楽しむ仕事術」

私の呉服販売時代の尊敬する先輩、大澤さんは、かなりギャンブルが好きでした。私もパチンコに誘われ、よく一緒に行きました。

そんな大澤さんだからこそ、仕事でも賭けごとのようなことをよくしました。

私が販売中、お客様から離れた隙を狙って近づいてきて、「柴田、今のお客様が決定したら、今晩は俺がおごる。もしダメだったら、お前のおごりね！」って具合です。何だかすごく、ワクワクしたのを覚えています。

また、職場でジャンケンもよくしました。

「柴田、高橋、村上、ちょっとバックヤードに来て！」と呼ばれ、「これから、休憩の順番を決めるジャンケンをする。じゃ、最初はグー！」

といった具合。

「仕事でのジャンケンは大切な意義がある。まず、笑いがある。そして、テンションが上がる。そして究極の意義は、超平等ということだ。だからいい」

なるほど、すごく納得しました。

そんな、仕事にできるだけ遊び感覚を取り入れていくのが大澤流。

「せっかく、貴重な時間を使って仕事してるんだから、楽しくいこうぜ！」

大澤さんの流儀は私の仕事の根底に流れています。

私が独立して店長になったとき、大澤流を受け継いで、できるだけ楽しんで仕事ができるように考えました。

特に効果があったのが、「遅刻の掟」です。

遅刻をする人がいると、朝から店のテンションが下がります。ないに越したことはありませんが、どうしてもゼロとはいきません。

遅刻に対してのペナルティがなかなか設定できない店も多いと思います。寝坊をして30分遅刻するのと、油断した1分の遅刻。一概に一緒にできないからです。

そこで、私は「遅刻の掟」をつくりました。遅刻をしたら、「昼ごはんをおごる」というものです。

この掟を決めてから、遅刻は減りましたし、遅刻した人にがみがみいうことがなくなりました。「はい、昼おごりね！」で済みますから（もちろん、店長としての道義的な指導はします）。

また、平日の昼間限定で、「アプローチジャンケン」というのもつくりました。

次のお客様が来られる前に、ジャンケンをして、勝った人が次のアプローチの権利を得ます。負ければ、アプローチできません。

これにより、店の空気は温まりますし、アプローチへの意識が高まりました。

そして最後に、私が郵便局株式会社の東京支社のCS（カスタマーサティスファクション）マイスターミーティングの一環で、講演させていただいたときにお聞きした話を紹介します。

私の講演の前に、CSマイスターと呼ばれるお客さま満足を推進するリーダーの方々の発表会がありました。そこで面白かったのが、「朝礼であっち向いてホイ！」です。

その郵便局では、朝礼時に全員で「あっち向いてホイ」をやっているらしいのです。CSマイスターの方はこう説明しました。

「朝礼で『あっち向いてホイ!』を実施する効果、3つを発表します。

①アイコンタクト効果…朝から目と目を合わせて、アイコンタクトができます。それによりコミュニケーションが円滑になると考えております。

②発声効果…『最初はグー! ジャンケン、ポン! あっち向いてホイ!』と、朝から大声を出すので、発声練習にもなります。

③笑顔効果…勝っても負けても、笑顔が出ます。笑顔の練習になります。

以上が、朝礼で『あっち向いてホイ!』の効果です」

とても面白いコミュニケーションだなと思いました。

もっともっと仕事を楽しくする工夫はあるはずです。店長自らが率先して笑い、気持ちがスッとする「楽しむ仕事術」を考え、チーム力を上げることが売上への最短の近道かもしれません。

□意味のないことに意味がある

世の中には、「意味のないこと」だけど、意味があることがあります。

以前、当社に勤めるある店長が、スタッフとの人間関係がずっとうまくいっておらず、悩んでいました。そこで、「スタッフとのコミュニケーションはきちんとできてる？　例えば、一緒に飲みに行ったりしたことある？」と聞いたら、「いいえ、ないですね。でも、飲み会って必要なんですかねぇ」と返ってきたことがありました。

結局、その店長はスタッフを巻き込めず、スタッフは「店長が何を考えているのかわかりません」と不満をいい、店長とスタッフの溝は深まり、退職者が後を絶ちませんでした。

店長のいい分もわからなくはないです。確かに仕事だけをする関係ならば、飲み会なんて必要ないかもしれません。

しかし、それをいうならば、販売するにあたってコミュニケーションがいらないといっているのと一緒なのです。

商品を売買するだけの店員とお客様の関係ならば、自己紹介や雑談、コミュニケーションなんていらないかもしれません。

だけど、そんなコミュニケーションがあるから、お客様は販売員との心の距離が縮まり、安心感や信頼感を持って、また会いに来ていただけるのです。

職場の人間関係も一緒です。例えば、**職場でのちょっとした雑談やスタッフとの食事や飲み会で話し、互いを知ることは重要**なのです。

雑談もない販売なんて、販売マシーンと何ら変わりはありません。コミュニケーションもない職場関係なんて、生活費だけのために働いているようなものです。

雑談、飲み会。一見、意味がないように見えるけれど、とても意味があるのです。

どの世界・業界でも仕事上手な人は、意味がないと思えることこそ大切にしています。それが人間関係構築の秘訣なのです。

□家族のように微妙な違いを感じる

私が大阪難波シティ店で呉服販売の仕事をしていた頃、振袖販売を徹底的に教わりました。そして、諸先輩方に助けていただき、新人１００名の全社振袖販売コンテストで入賞することができました。

そこで当時、振袖販売のスペシャリストだった中野さんという女性から、振袖の親子客への販売のポイントをこう教わりました。

「振袖の親子客への販売で大切なのは、親子の力量関係を見抜く力よ。家庭の中でどんな力関係なのかを観察するの。振袖のような大きな買い物は、最後は家族の買い方の癖で決まるのよ。

例えば、わがままでいうことを聞かない娘さんとお母様の場合、最終的には娘の好みが購入の決め手になる場合もあるし、逆におとなしい娘さんとちゃきちゃきしたお母様の場合、お母様の好みに娘が負け、お母様が決め手になる場合もある。はたまた裏に厳格なお父様がいて、家族の大きな買い物には父の鶴の一声で決まるなんて家族もある。

親子には、その**親子にしかわからない信号や癖**があって、それを常に交信し合っているのよ。『この表情は気に入っているな』とか『この仕草はそんなに気に入ってないな』とか、母と娘だけにしかわからないシグナルがある。それが親子なんよ。そこまで見抜くのは大変だけど、できるだけ親子の力関係と買い方の癖を察知するようにするのよ」

当時は中野さんがいっている意味がよくわかりませんでした。

しかし、私も娘を持ち、わかるようになりました。こんなことがあったのです。

私と妻と長女で、長女のコートを見に行ったときのことです。店員さんおすすめのコートを長女が着てみたとき、店員さんの「いかがですか？」という質問に、長女は「えぇ、まぁ、そうですね……、好きな感じです」と答えました。

すると、長女が気に入っていると判断した店員さんは、そのコートをどんどんすすめてきました。

しかし、私と妻にはわかったのです。長女が気に入っていないことを。

なぜなら、長女は店員さんに気を遣って「好きな感じ」とはいいましたが、本当に気に入って好きな場合は、「まぁ、そうですね」なんて迷った表現はしません。きっぱりと「好きです！」といい切る子です。私と妻は、家族ならわかる娘のシグナルを察知したのです。

これが、中野さんのいっていた、家族にしかわからない信号なのです。

これは、店長とスタッフにも活用できます。

私はこの微妙なシグナルを見逃さないようにします。以前、私が店に訪問したとき、ちょっとだけいつもと違う沈んだ挨拶をしたスタッフがいました。

すぐに店長に「Bさんと最近ミーティングした？　ちょっと様子が違うぞ」といいましたが、店長は、「いや、いつもとそんなに変わらない気がしますが……」と返してきました。

店長は、その微妙な違いに気づいていませんでした。しかし、その数日後、そのスタッフは、店長に退職を申請してきました。
私は後悔しました。なぜあのときに、店長の言葉でなく、自分の感じたことを信じて、Bさんと店長と私でミーティングをしなかったのかと。

相手の微妙な違いを感じ取れるか、いつもと違うサインをキャッチできるかどうか、これは店長として大変重要なことなのです。

店に何か問題があって退職する場合、相手が退職を心に決める前に、相談に乗っていれば、ほとんどが引き止めることができます。相手から相談されてから気づくから手遅れになってしまうのです。「悩み中」ならば手を打てますが、心で決めた報告となると、もう止められないことがほとんどです。
悩みのサインは数日前、数ヶ月前から発信されていることが多いです。ですから、いつもと微妙に違う信号をキャッチできるくらい、相手への気配り、目配りをすることが上司として本当に大切なことなのです。

スタッフも家族と一緒です。そのスタッフの微妙なサインを読み取れるようになるまで、しっかりと、相手の表情や行動に目を配り、心の距離を縮めていきましょう。

□食事で親密度をアップする

私には、片腕といえる男性マネージャーが2人います。お取引先から、「仲がいいですね」といわれておりますが、私としても、良好な社長とスタッフの関係を築けているのではないかと思います。

あるとき、知人の社長から、「柴田さんはマネージャーたちと、とても仲がいいですね、何か秘訣はあるんですか」と聞かれました。

私はこう答えました。「特別なことはやっていません。ただ、しいていうなら、食事を共にしながらミーティングをやっています」と。

そうです。私はマネージャーとのミーティングを、できるだけ、食事をしながら行なうことにしているのです。

ランチが一番いいのですが、時間が合わなければ、モーニングを一緒に。夕方なら夕食、夜ならば居酒屋でミーティングすることもあります。

これにも理由があります。以前、経営者向けの講演会で出会った心理カウンセラーの方がおっしゃっていたことを実践しているのです。

「柴田さん、離婚する夫婦の前兆のサインって知ってますか」

「うーん。家に帰らない、ですか？ 違う。うーん。さぁ、何でしょうか？」

「実は、一緒に食事をしなくなることなんです」

「食事ですか」

「そうなんです。たかが食事ですが、されど食事です。**家族が家族たる由縁とは、食事を一緒にする仲だから**なんですよ」

なるほどと思いました。

それから、スタッフとうまくいっていない店長の相談を受けると、決まって、「一度、一緒に食事に行ってごらん」とアドバイスすることにしています。


そういえば、3章で前述した定着率ナンバーワンの中川店長は、頻繁にランチミーティングや夕食など、スタッフとご飯を食べに行っているのを思い出しました。

食事を一緒にすること。非常に単純な行為ですが、その意義は大きいのです。

そこで、私は意図的にできるだけ「食事を共にする関係」をつくることにしたのです。

理屈はありません。共に食事をして語る。単純ながらもとても意味のある時間を共にすることにより、**無意識に距離を縮めることができていく**のだと実感しています。

人類が遠い遠い昔から「親しき関係同士で食事をする」という習慣を築き上げてきた理由がそこにあるのだと思うのです。

□あなたが働きたい店をつくればいい

「店長としてどんな店をつくりたい？」と、あなたは、社長やエリアマネージャー、取引先といったさまざまな方から聞かれることが多いと思います。

「どんな店？　やはりスタッフ一人ひとりにやりがいがあり、お客様に喜んでもらえる店をつくりたいと思います」と、これが定番の回答かと思います。

間違いではありません。ただもっと単純志向でいいと思います。

私も社長として、さまざまな方から、「どんな会社が理想ですか」「どんな会社をつくりたいのですか」と聞かれます。

私は常にこう答えています。

「私の働きたい会社をつくりたいと思っています」

私は本当にそう思っています。

「どんな社長になりたいですか」と聞かれれば、「私が社員ならついていきたい社長を目指しています」と答えます。

前職の呉服店時代に、はじめて配属された店の店長からこう教えられました。

「柴田、いい新人社員とは、上司が『こんな新人社員だったらいいな』と思う社員になることだ。そのうちお前が上司になったとき、今度はお前が新人社員だったら『こんな上司がいいな』と思う上司を目指すんだ」

聞いたときは、何だかピンときませんでしたが、月日が経ち、やっと今、意味がわかってきたような気がします。

愛される店長になりたいならば、「自分がスタッフだったら、どんな店長が愛される店長に見えるのだろう？」と、そのイメージをノートに書き出してみましょう。きっと、自分の目指すべきことが見えてきます。そして、スタッフの立場に立って考える力が身についていくはずです。

店長としてのあなたの仕事は、**「あなたがスタッフだったら働きたい店」をつくること、「あなたがお客様なら買いたい店」をつくることです。**

7章

愛される店長の10の「店長力」

□店長としての健康状態をチェックする

本章では、これまで出てきた「愛される店長たちの店長力」をまとめました。愛される店長に求められる店長力ベスト10です。

店長力すべてを、常に一定のパフォーマンス、レベルで発揮し続けることはどんな人でも不可能だと思います。

だからこそ、常に自分の店長としての「健康状態」がバランス悪くなっていないかをチェックする必要があります。それには、今からあげる10の店長力を常に意識しながら、愛されるべき店長力を磨いていきましょう。

□1 自覚力

店長としてまず必要とされるのが「**自覚力**」です。

うまくいかない店長に限って、心のどこかで「お願いされたから店長になった」「前の店長が急に辞めたから仕方なくなった」と考えていて、自分が店長であることに対して、受け身な姿勢で、どこか他人事で、その役職にまっすぐ向き合っていない人が多いのです。

まずは、店長という仕事を「お願いされた仕事」ではなく、**「自分だからこそ与えられた仕事」**と自覚しましょう。

役職というものは、あなたに与えられた脚本の配役なのです。**店の運営という舞台で、あなたが「店長」という役を演ずるように与えられた**のです。

自覚するということは、その役を演ずるということなのです。

役者は自分が演じる役を一所懸命に研究します。例えば、医者の役を与えられたら、まずは医者という仕事の内容と医者の行動や仕草などを勉強することと思います。

それと同じです。あなたは店長という役を演ずるにあたって、店長の仕事の内容と、店長としての考え方や行動や振る舞い、判断の仕方を覚えてそれを演ずるのです。

形式的に店長に任命されたという認識では、本当の店長ではありません。店長であることを自覚し、その役割を演じてはじめて店長となることを忘れてはいけません。

□2 巻き込み力

本書でも何度も書いてきましたが、**店は個人プレーでは成り立ちません。**

スタッフの個性を把握して認め、その力を引き出してこそ、はじめて店としての最大の成果につなげることができます。

だからこそ、店の実績を出すためには、スタッフを巻き込み、スタッフ一人ひとりが店のために力を発揮するチームをつくる「巻き込み力」が必要なのです。

店長ひとりだけが、店のことを真剣に考え実行したとしても、振り返ったら誰もついてきていなかった……、それでは店としてまったく機能しておらず、当たり前ですが結果が出ず、スタッフにやりがいを与えていないことになります。

スタッフにやりがいを与える、巻き込み力のポイントは次の3つです。

①スタッフに個別目標と役割を与え、「一緒に店運営に参加している感」を与えてあげること
②叱咤激励をして、正当な評価をしてあげること
③店にとって、欠かせない人物である気持ちを伝えること

中には勘違いして、スタッフとの飲み会や食事会、休日にスタッフと遊びに行ったりすることが「巻き込む」ことだと思っている店長もいます。確かにスタッフとの心の距離を縮める下地づくりとしては大切なことですが、それだけで巻き込めるわけではありません。

店長として、仕事に巻き込んでいくとは、あくまで店の仕事で、スタッフ一人ひとり個別に対応しながら、店という組織をつくり上げ、目標に向かう集団をつくることなのです。

3 忘却力

「忘れることが大切」というと、疑問に思う方もいらっしゃるかもしれません。しかし、仕事のできるリーダーは、記憶すること以上に、常に忘れることを大切にしているのです。

忘れることのほうが大切だといってもいいかもしれません。

なぜなら、覚えることは、メモなどの記録したものを後で読み返せば、思い出すことができます。逆に、忘れようと思っても忘れられないことのほうがやっかいな場合があります。

通常、仕事では、きちんと覚えておくようにと教えられます。特にリーダーは、いいことも悪いことも、成功したことも失敗したことも、すべて覚えておくことが管理者の責任だと教わります。しかし実際は、「記憶」が物事をスムーズに運ぶことを阻む種になることだったくさんあるのです。

特に店長は、マイナスの結果をいつまでも引きずっていてはいけません。ネガティブに引きずる店長もいるかもしれませんが、マイナスの結果は忘れるようにします。**マイナスのイメージは、再度マイナスの結果を引き起こす種になることもある**からです。

また、**「スタッフのケアレスミス」は、叱った後は忘れましょう。**店長が引きずることにより、スタッフとの関係が悪化する場合が多々あるからです。

スタッフのミスはその場、もしくは、その日のうちに注意するのがセオリーです。その場、その日に**指導できなかったミスは忘れましょう。**後日、「そういえば、この間のことだけど……」と思い出して指導しても、その指導は悪印象を残してしまいます。

私の尊敬する大澤さんは、私を叱った後、私が気まずくなりそうなときは、何もなかったかのように接してくれました。気持ち的に大変助かったのと、より叱られたことが身に染みたのを憶えています。

もし、忘れられなければ、忘れたかのように振る舞うのも店長の力量です。

□4 共感力

「スタッフへの指導がうまくいかない」、「スタッフが自分の指導を煙たがっている」、そして、「スタッフが相談してこない」と悩んでいる店長はいませんか。

もしかしたら、「どうせ店長にいってもわかってくれない」「店長に私の気持ちなんて理解できるはずがない」と思われているからかもしれません。

そんな店長に足りていないのが「共感力」です。

例えば、失恋の悩みを容姿端麗で人気者でモテモテの友達に相談しますか？　きっとしませんよね。だって、失恋したことがなさそうだからです。失恋したことがなさそうな人に、失恋の悩みは絶対に相談しません。共感してくれないだろうと思うからです。

相談には、「共感してほしい」という心理が働いています。だから、**同じ体験をしたことのある人からのアドバイスがほしい**のです。

売れずに悩んでいるスタッフには、「私も売れずに悩んでいた時期があったけど……」といった具合に、まずは共感し、アドバイスをしてあげるのです。

また、経験したことのない相談でも、「私は経験したことがないけど、私が○○さんの立場だったら……」とあくまで、相手の立場に立っていることがわかるサインが必要です。

それには、普段から共感するくせをつけておくことも大切です。**相手の意見を否定せず、「なるほどね」、「そうだよね」と肯定的な共感の対話法**を使うのです。

同じ体験をすると仲間意識が生まれるのも、共感できるからです。「共感力」は、店長として信頼される関係をつくるベースとしてとても大切なものなのです。

□5 褒め力

本書でも褒め方を書いてきましたが、やはり、褒めるという行為でスタッフを育成していくことは、最も早くてわかりやすく、成果が上がる育成方法だと思います。

「褒め力」は店長として絶対に必要なスキルです。

「スタッフに褒めるところがない」というのは、店長の都合のいい自己保身のいい訳です。たいていの場合、「褒めるところがない」のではなく、「褒めたくない」だけなのです。店長の感情的なものが褒める行為を妨げているのです。好きなスタッフは褒めるけど、嫌いなスタッフは褒めないといったレベルのものになっていませんか。それでは店長を演じ切れていないのです。

以前、店長が対象の講演をした際、「褒めたいけれど、褒めるところが本当にないスタッフがいるのです」という相談を受けました。

私はずばり、その店長にこう答えました。「褒めるところがないのなら、辞めてもらったらいいと思います」。

するとその店長は、「いや、辞められても困るんです。なかなか募集をかけても集まりません し……」と、おっしゃったので、私はこういいました。

「では、あなたが褒めるところがないといったスタッフさんですが、辞めてもらうと困るんですよね。だったら、そこを褒めてあげたらいかがですか。『○○さんに辞められたら店は大変だよ。○○さんがいてくれることで助かっているよ。ありがとう』と。本当に褒めるところがないなら、辞めてもらえばいいだけです。辞められたら困るなら、そこがすでに褒めるポイントになると思いませんか？」

するとその店長はハッと気づいたようでした。おそらく、そのスタッフのことを心から褒めたいと思っていなかったことに。

褒めることを意識して、習慣にするようにしましょう。それを身につけたとき、あなたは「愛される店長」のカギを手にしたといっても過言ではありません。

□6 失敗フォロー力

完璧な人間はいません。よって、完璧な店長もいません。店長も失敗するのです。失敗しないに越したことはありませんが、100%はないのです。

そこで、自分が失敗したことをフォローする力も大切な店長力となるのです。

自分のミスや非を認めない店長がたくさんいます。何気なくスルーして済ます店長もたくさん見てきました。自分のことは棚に上げるパターンです。これがスタッフの不満の種になります。そして、スタッフは店長のミスや失敗にとても敏感なことも忘れてはいけません。

店長は、自分が失敗したときやミスをしたときに、**素直に謝罪できる勇気**が必要です。これが「失敗フォロー力」です。

私の見てきた魅力ある店長たちは、自分の非を認め、素直に謝罪できる誠実さを持っていました。失敗の内容によって、フォローの仕方や度合いは変わりますが、うやむやにせず、スタッフに対して誠実に接している姿が魅力ある店長なのです。

スタッフは店長の失敗に対して不満を持つのではないのです。店長が、**失敗したことにどう対処するのか、どう説明するのかが、不満と信頼の分岐点です。**

「謝罪」というと大げさですが、「ごめんなさい。私のミスで迷惑かけてしまって」というさりげないものでも大切です。「ごめんなさい」、「すみません」という言葉を素直にいえるかどうかが大切なのです。

□7 楽しみ力

店長はいきいきと楽しんで仕事をする義務があります。それは、**店長が楽しそうだとスタッフも仕事を「楽しいもの」ととらえる**からです。また、**店長が明るく楽しくしていると、スタッフは店長に憧れる**ものです。

近年、店長になりたくないスタッフが増えた、ということを本書の冒頭で書きましたが、その理由のトップが「店長を見ているとつらそうだから」というものです。

我が社に、いつも楽しそうに仕事をする人見さんというスタッフがいます。いつ会っても笑顔で快活でテキパキと仕事をこなし、とても仕事が楽しそうなのです。もちろん、顧客も多く、大きな売上をつくっています。

あるとき、そんな人見さんに「いつも楽しそうだね」と問いかけたことがあります。すると、間髪入れずに返ってきた言葉が、「社長! ありがとうございます。**感謝して仕事しているから楽しく見えるんですかねー**」と笑っていました。

楽しく仕事をする秘訣、それは「感謝」なんだとわかりました。当たり前と思えることを、「感謝する」視点で見直してみましょう。**店長をさせてもらっていること自体、感謝だ**と思えるならば、あなたの店長仕事は間違いなく楽しい仕事に変わるでしょう。

楽しく仕事をしていない店長は、感謝のない不満ばかりの店長ともいえます。愚痴ばかりいっている店長、思い通りにスタッフが動かなくていらいらしている店長。そのままではだめです。不満を楽しみに変えましょう。

例えば、スタッフが育たなくて愚痴や不満がある店長は、「スタッフが育っていない、だからこそ、育てる楽しみがある」と考えましょう。

例えば、スタッフが思い通りに動いてくれずに不満がある店長は、思い通りに動くという考えを捨て、「動かない、だからこそ、スタッフの個性を活かす楽しみがある」と考えましょう。

一見、不満なことも**「〜だからこそ」のキーワードを使い、楽しい・やりがいのある考え方に変えてみましょう。**

楽しい考え方に変えてみることが、店長の「楽しみ力」を身につける習慣の第一歩なのです。すると、あなたの店は飛躍的に変わるでしょう。

8 約束力

店長のみならず、人の上に立つ人が最も試されることは、**「約束を守る人かどうか」**という点です。

テレビで報道される政治家の言動に対しての世論を見ればとてもわかりやすいと思います。国民が国のリーダーである政治家を判断する最も単純でわかりやすい視点が「約束」を守っているかどうかです。いうだけいって、行動を起こさない日本のリーダーがいかに多くの国民を失望させているかを考えれば、わかるかもしれません。

人の上に立つ人は、約束を守れる人でないといけません。なぜなら、スタッフは約束を守ってくれる人だからついていこうと思うのです。

ちょっとした約束を忘れることはあるでしょう。しかし、それにこそ店長は丁寧に実行しなければいけません。店長が、**忘れてはいけないのは、重要な約束事だけではありません。すべての約束事なのです。**約束はすべてが同じように重要な約束で、「ささいな約束」ということはありません。

店長や責任者の中には、できもしない約束を簡単にして、自分で自分の首を絞めて信頼を失う人もたくさんいます。ですから、どうしてもできない約束はしないに限ります。約束できないことは責められませんが、約束したことを破ると、責められます。私は父からこう教わりました。「できない約束は絶対にするな。しかし、約束したことは何が何でもやれ！」ということです。

約束を守ることが第一。もし、努力しても約束が守れなかった場合はその守れなかった理由と経過をしっかりと相手に説明することが大切です。**人と人との信頼関係とは、小さな約束を積み上げながら、強くなっていくものです。**

□9 傾聴力

店長になると、スタッフの言葉に耳を傾けることができなくなる人がいます。その心理は、「店長の視点が一番大切」と考えているからです。

そうすると、店長という立場で見たことが店で何よりも優先となってしまいます。しかし、店長視点での考えをごり押しして、スタッフの反発を買ったり、店長視点の独りよがりで、誰もついて来ず、スタッフの支持を得られないケースがほとんどです。

そこで、スタッフとの良好な関係を保つためには、「傾聴力」が重要なのです。

たいていの店長は、自分の意見を先にいってから、スタッフの意見を聴きます。そういう店長に限って、「スタッフは考えない」と愚痴をいうことが多いです。

しかし、考えてみてください。そういう場合は、スタッフに考えがないわけでなく、店長が先に意見をいうから、自分の意見がいえないだけなのです。違う意見ならば余計にいえなくなります。

スタッフは考えてないわけではないのです。だからこそ、スタッフの意見を先に聴いてから、店長の意見をいう癖をつけましょう。

まず、**「○○さんはどう思う?」**と聴きます。

そして、**「なんでそう思ったの?」**と理由や背景を聴きます。**それから、「私は店長として、こう思うよ」**と自分の意見をいいます。こうすることで、意思の疎通が図れます。

あなたの意見を先にいい、店長の意見を通すことを「命令」といいます。全部が命令では、スタッフは育ちません。

スタッフの意見を聴く「傾聴力」が、スタッフを育て、**自主参加する店づくり**の秘訣なのです。

□10 実行力

前述した「約束力」が攻守の〝守〟ならば、「実行力」は、〝攻〟です。

なかなか実行しない店長や、いうだけいってやらない店長は、スタッフからの信頼は得られないですよね。「実行力」は一番わかりやすい店長の信頼される能力です。

私自身は、「よし、やってみよう」と思ったことは、とにかくまずはやってみるタイプです。

その代わり、やめることも相当数あります。「やってみてダメならやめればいい」というのが持論です。

やらない理由をいかにも正当化して話す店長がいます。私はそのやらない理由をいい訳だと思っています。やらない理由なんて、後から何でもつけられますから。**何事も「やれない」を前提に考えたら、絶対に「やれる」には行き着きません。**

また、やる前に結果が見えているかのようにいう店長もいます。「評論家店長」と呼びたくなりますが、机上の空論が好きな人です。しかし、**頭でっかちになってくると、結局何もできない店長になってしまいます。**

結果なんてプロセス次第でどうにでも変わるのですから、結果を先に考える店長は、やっぱり実行力のない店長です。

我が社の店長にも、なかなか実行しない店長がいます。保守的で、新しいことに対して否定的な店長です。そして、じりじりと売上が減っていきます。

保守的なことは悪いことではありませんが、店仕事で一番こわいのはマンネリです。だからこそ、**常に新しいことにチャンレンジしていく実行力が求められています。**

あれこれと結果を先に考える前に、やってダメなら戻せばいい、やめればいいのです。まず、実行ありき。

「頭で考えるより、やってみよう！」、私はこうエールを贈ります。店長には、やってみる勇気と実行力が求められているのです。

8章

愛される店長の「自分磨き」の習慣

□尊敬する店長はみんな、仕事以外のことを教えてくれた

本書を買っていただいた方の中には、きっとスタッフとの人間関係に悩んでいる方が多くいらっしゃると思います。スタッフに限らず、人間関係の悩みは、人として社会生活を営むにあたっての永遠のテーマといっても過言ではありません。

よく自己啓発で使われる言葉に**「他人は変えられないけど、自分は変えられる」**という言葉があります。私は、人間関係の構築やスタッフ育成での肝となる考え方は、この言葉に尽きると思います。

変えられない他人にあれこれ悩むよりも、まず自分を変えて良好な人間関係をつくるよう努力するほうが、理にかなっていると思うからです。

変えられないであろう他人を変えようとするのは、尽きない悩みを抱えるのと同じだと思います。それよりも、自己努力で自分を変えてみて、ダメならあきらめもつきますし、気持ちも切り替えられます。

だから、店長自身が自分を磨き、成長していくことにより、スタッフも成長していき、結果としてスタッフが変わっていく。これが、店長の正しい育成の姿だと思うのです。

そんな「店長の自分磨き」をこの最後の章では、書きたいと思います。

1章の最初で、私は講演をするときに必ず「理想の店長に必要なものは何ですか?」と聞く、と記述しました。そして、その続きとして、私はこのような質問を続けて聞いています。

それは、「あなたにはこれまで尊敬する店長はいましたか?」という質問です。

すると、ほとんどの方は「いる」と答えます。

続いて、「その尊敬する店長からはどんなことを教えてもらいましたか?」という質問をします。すると、答えはこのような感じです。

●仕事への取り組み姿勢
●自分の甘いところ、欠点
●他人に常に明るく接することの重要さ
●ポジティブに考えること

というものがほとんどです。

ここで考えてもらいたいことがあります。「尊敬できる店長に教えてもらったことは？」の答えには、「仕事のノウハウ」に関する答えがほとんどないということです。ほとんどが、**「人としての生き方」**や**「仕事に対する取り組み姿勢」**についてなのが印象的です。

仕事のノウハウは、もちろん大切です。ですが、それ以上に、人として大切なことを教えてくれる店長が求められているのです。もしかしたら、スタッフは、そのときはわからないかもしれませんが、後で振り返ってみると、じわーっと、店長のいっていた言葉が身に沁みてくるような、深みのある教えです。

そのときはわからなかった言葉が、その後自分が成長して、はじめてその言葉の重みを知る。当時、無知だった自分にだからこそ、いってくれたあの店長の言葉。

そんな店長は、きっと厳しくも、とても温かい店長だろうなと思います。

そう考えれば、店長として、上司としての人間力は、仕事において欠かすことのできない大切なものです。人間の魅力。その魅力を引き出すのに必要なのが、「自分磨き」なのです。

□日常における「愛される店長の15の自分磨き」

私は、仕事のときだけ、よい店長の顔をつくりなさいという気はまったくありません。**店長という仕事を通じて、自分を磨きながらも、仕事の顔のみならず、生活においても自己成長をし、自分の生活をも豊かなものにしていくことが大切**だと思っています。

せっかく店長という自分が試される職務に就いたのですから、それをきっかけに、「自分磨き」をライフワークにしていくことをおすすめします。

私が人の上に立つ立場になって、最もよかったなと思うことは、**自分を見つめるチャンスを持ったこと**だと思っています。自分を見つめ、自分を磨くことが、仕事の成果につながる立場は本当に貴重です。

そんな意味で、私は「自分磨き」こそが、店長職の最大の恩恵だと思うのです。

それではここから、魅力ある人間性をつくる「日常生活における自分磨きの方法」を紹介したいと思います。「毎日の3ミリの成長」の積み重ねが自分を変えていくのです。

1 きちんと伝える

ここで、「いった」と「伝えた」が違うことを認識し直しましょう。

相手がどういう反応でもお構いなしなのが、「いった」ということ。**相手が理解したのを確認するのが「伝えた」ということ。**

相手が理解しているかを確認するには、やはり質問するのがいいでしょう。「私のいったことがわかりづらかったかもしれないので、ささいなことでも質問をしてくださいね」とお願いしましょう。きちんと伝わっているかを確認する癖をつけるのです。

2 愚痴をいわない

店長が部下に愚痴をいい、信頼を落とすパターンは非常に多いものです。愚痴の原因はさまざまかもしれませんが、**スタッフへの愚痴は厳禁**です。

ネガティブになると、愚痴をいいたくなります。ですから、まず、物事をポジティブにとらえる癖をつけることが先決です。それでも、どうしようもなく愚痴が出るならば、スタッフに愚痴をいうのではなく、上司に相談という形で話しましょう。そうすれば、解決策も得られるかもしれません。

3 バランス感覚を持つ

何事も偏った見方をしないようにして、バランス感覚を身につけましょう。それには、**物事を一度疑ってみる**のもひとつの方法です。

例えば、あるスタッフが「Aさんが悪い」といったならば、「果たして悪いのは本当にAさんなのか」と疑ってみるのです。

バランス感覚は文字通り、シーソーのように、反対に重りを置き、バランスを取ることですから、反対の視点を持つことでバランス感覚をつけるのです。

そのために、**偏り過ぎない視点は大切**です。例えば、考え過ぎない、いい過ぎない、やり過ぎない、という〝過ぎない〟感覚です。

さまざまな判断、公平な仲裁はすべて、バランス感覚があってこそ、正しいジャッジができるのです。

4 好き嫌いをしない

人に対しての「好き嫌い」をなくすように努めましょう。店長として、自分のいうことをよく聞いてくれるスタッフと、いつも難色を示すスタッフならば、どうしてもいうことを聞いてくれるスタッフを「好き」になってしまいがちです。そして、いうことを聞いてくれないスタッフを嫌いになってしまうのです。

あなたが嫌いという意識を持つと、相手にもそれが伝染して、同じようにあなたのことが嫌いという感情を持ってしまいます。すると、だんだんと相手は被害妄想を持ち、過敏にあなたの言動に反応し、溝はどんどん深まります。

うまくいかない最初のスイッチは、あなたのスタッフに対しての「嫌い」という意識から始まることが多いのです。

相手がいうことを聞いてくれない、と思ったときは、「なぜ、あのスタッフはいうことを聞いてくれないのか？」という視点で考えてみましょう。相手を嫌いになる前に相手を理解するよう努めるのです。

5 食わず嫌いをしない

店長は、**何でもまず自分で試してみる実行力を持ちましょう**。自分でやってみてその感想や実感を基に、行動をしていくようにしましょう。説得力のある説明とは、自分の経験に基づく説明です。経験を軸に話す人は、信頼感もあります。これこそが、上司力だと思います。

これまで、情報や口コミを聞くばかりで、やらずにいた事項を、まず、やってみましょう！

食わず嫌いは厳禁です。

6 自分を見つめる

定期的に、自分を見つめる時間をつくりましょう。つまり、**振り返る時間**です。ひとりで、自分の落ち着ける場所で（自分の部屋、喫茶店など）、手帳を見返し、大まかに1週間や1ヶ月を頭の中で振り返ってみるのです。日記をつけたりして、文章にするのもいいと思います。まずは、自然と、心に残ったこと、胸につかえていることが湧き出てくると思います。自分の言動を定期的に振り返るだけでいいのです。

そして、そこで感じ、自然に湧き出る感情を確認し咀嚼しましょう。咀嚼とは、**よいことも悪いことも次に活かす**ことです。マイナスの感情は引きずらずに、前向きな心に変えていきます。

7 欠点を隠さない

欠点は誰にでもあります。だからこそ、欠点を隠そうとするのはやめましょう。思い切ってスタッフや家族に、「私の悪いところは○○です」と口にして宣言しちゃいましょう！

欠点を隠す人は弱い人です。逆に、欠点をいえる人は、強い人なんです。その**差は口に出**

せるかどうか、単にそれだけの違いです。

店長は欠点を隠すより、周りに自分の欠点をいってしまいましょう。そうすれば、スタッフは親しみやすさを感じ、あなたをもっとサポートしてくれるでしょう。

8 自分の矛盾をなくす

矛盾のチェックは怠らずにやりましょう。店長によくある矛盾は、「いったのにやってない」ことです。

場合によっては、「いったけど、何かの理由でやれていない」ことかもしれませんが、周りから見れば、**理由はどうであれ、やるといったことをやっていないのは、完全に矛盾です。**

いうことが気分で違ってしまう、整合性が取れないことに心当たりがある方は、いうことを事前にメモしてから、発言する癖をつけましょう。

9 ポジティブに考える

ネガティブな発想が出てきたら、ポジティブに変えましょう。ポジティブな言動をしている人を、「輝いている人」と比喩することがありますよね。それほどポジティブな考え方や行動は、人を引きつけるのです。

ポジティブな発想は癖です。癖とは習慣です。つまり、日々の訓練で、ポジティブな考えに変わることができるのです。

まず、**物事のプラスの部分にフォーカスする癖**をつけましょう。被害妄想をやめましょう。そして、「なんとかなる！」と楽観的に構え、神経質に考えるのをやめるのです。

加えて、ポジティブな考えの人と付き合うようにしましょう。すると、その考え方に影響されて、自分もポジティブに変わっていきます。

10「ありがとう」をいう

「ありがとう」という言葉は、感謝を表す最もシンプルでわかりやすい言葉です。あなたの生活に「ありがとう」という言葉をもっともっと増やしましょう。

スタッフがきちんと仕事をしてくれたとき、スタッフが仕事を終えて帰店するとき、「ありがとう！」という言葉をかける癖をつけましょう。

小さなことですが、その**小さな違いこそが、大きな違いとなってきます**。

11人を活かす視点を持つ

「人を活かす」とは、すなわち、その人の長所を見つけて伸ばすことです。スタッフでも、家族でも構いません。まずは、周りにいる人の長所を言葉にしてみましょう。

これで、人を活かす視点を持つ癖をつけることができるです。店長はスタッフの長所を見つけ、それを活かす天才になりましょう。手帳やノートに書き込み、定期的に見直すことで、意識的にスタッフの長所を伸ばす機会をつくることができます。

12 興味を持つ

何事にも興味を持って取り組む姿勢を身につけましょう。冷たい上司とは、無関心な上司です。**できるだけスタッフの言動に興味を持ち、意識的に目を向けるようにしましょう。**

そしてできれば、目を向けるだけでなく、スタッフの言動に自分の意見を伝えましょう。

例えば、最近明るくなったスタッフには「〇〇さん！　最近、元気だね！　何かあった？」と、興味を持つだけでなく、「見てますよ！」というサインを出しましょう。

13 素直に接する

人はどうしても、つい背伸びをしたり、自分をよく見せたいという意識が働いてしまいます。それがエスカレートして、虚栄心が芽生え、最悪の場合、嘘をついてしまうこともあります。

これは、自信がなくてプライドが高い人に多いことです。プライドが高いことは悪いことではありませんが、実力がないのにプライドが高いと、自分の首を絞めることになります。

自分が思っているよりも他人は、人の虚栄心に敏感です。

本当の身丈以上に自分を見せようとせず、まずは素直に接することを心がけましょう。そうすれば、きっと、あなたを慕う人が格段に増えてきますよ。

14 深呼吸する　ひと息つく

これは、たいしたことではないと思われるかもしれませんが、私がとても重要に感じていることです。

何事もひと息ついて、深呼吸をしてから物事を始めること、判断する癖をつけてみてください。

勇み足、その場だけの感情的な言動をしていると、失敗が多くなります。**失敗の防止策にも深呼吸は効果的**です。深呼吸という小さなことですが、リーダーに大いに役に立つ習慣だと思っています。

15 スタッフに思いやりを持つ

本書でも切り口を変えながら何度も書いてきました。スタッフに思いやりを持って接することを忘れてはいけません。

スタッフに思いやりを持ち続ける秘訣は、**感謝の気持ちを日々確認する習慣**を持つことです。感謝する言葉を、毎日スタッフにかけましょう。または、紙に書いてデスクに貼ったり、手帳に書き込んだりして読み返しましょう。

きっと、スタッフへの不満も軽減され、スタッフとの良好な関係が築かれていくでしょう。

□童話から学ぶ人間関係

「上司と部下との関係はどうあるべきか」、誰もが悩むこのテーマに関して、ここでひとつの童話から考えてみましょう。

それは、「北風と太陽」というイソップ童話です。私はつくづくこの童話はよくできているなぁと感心しますし、大好きです。

マネジメントのみならず、販売にも通じる真理が詰まっていると思います。

ここで、簡単にこの童話を紹介しておきます。


北風と太陽が、どちらが強いかでいい争っていました。議論しても決まらないので、どちらが旅人の上着を脱がすことができるかで、力くらべをすることになりました。北風は自信たっぷりに旅人の上着を吹き飛ばそうと、力いっぱい強い北風を吹かせました。ところが、吹き飛ばすどころか、旅人は寒くてよけい服を着込みました。そこで、北風は、もっともっと強く風を吹かせましたが、旅人は、上着を脱ぐどころか、とうとうコートまで着込みました。

それを見ていた太陽は、「次は僕の番だよ。よーく見ていてごらん」というと、さんさんと太陽の陽を旅人にあてました。すると、さっきとは正反対に暑くなってきた旅人は、自らコートと上着を脱ぎ始めました。

それを見ていた北風は、太陽にいいました。「僕の負けだ。すべてを力任せにしようとした僕の負けだ」と。

力任せに、旅人の上着を無理やり吹き飛ばそうとした北風。
太陽の熱で暖かくして、旅人が自らコートを脱ぐようにした太陽。
これは、上司と部下の関係をどう築くかにたとえられます。
部下スタッフに叱ってやらせる店長と、部下スタッフに考えさせてやらせる店長。
部下スタッフに仕事を強要する店長と、部下スタッフに自発的に仕事をやらせる店長。

どうでしょう。北風と太陽のやり方と一緒だと思いませんか。

考えてやらせる仕事は、スタッフ自ら責任を持って自主的に取り組みます。自ら考えることにより、仕事に対してやりがいを感じ始めるからです。これはやはり、太陽ですよね！

やはり、太陽のように、部下に仕事のやりがいと目的を与え、自発的に動くように、褒めたり、諭したりしながら、部下と共に仕事をしていく上司が求められているといえます。

□仕事とは、人格が試されている

ニュースを見ていると、粉飾決算をしたり、不祥事を隠したり、偽装したりで、一流大学出身の大企業の社長が謝罪する光景がしょっちゅう映し出されます。

「人をだましてはいけない」、これは、幼い頃から何度も何度も教えられたことです。

そんな幼稚園児でもわかることを、世間で「立派」といわれている人、立場が高い人がまったくできていないことがとても滑稽に感じます。

おそらく、私たちは、一流企業の社長＝人格者という目で見ているから、滑稽に見えるのだと気づきました。どうしても、偉い人は人間ができていると思い込みがちですよね。

ここで私が考えさせられたことは、「仕事は、人格なのだ」ということです。いや、もっというならば、**「仕事のできる人＝人格者でなければならない」**と思うのです。人格者とは、人としての在り方において、模範とされる人、人望がある人です。人間関係において、相手を思い、道徳的な知念を持って行動できる人です。ですから、人をだましてはいけないという、子どもでも知っていることがわからない人が会社の社長になってはいけないのです。「長」という役がつく仕事に携わる人は、仕事のノウハウ以前に、道徳的で良心的な思想を持ち合わせていなければなりません。

店長という仕事も然りです。

といっても堅苦しく考えないでください。人として当たり前のことができているかどうかを、常に意識して人と接すること。店長は道徳心を持ち、それに沿って仕事を進めることをまずは考えられなければならないとつくづく思います。

□お客様視点がぶれない

我が社に10年間勤め、長い間、店長として店を好調に維持させている三宅さんという女性店長がいます。スタッフの定着率がいい愛される店長です。

その三宅店長ですが、正直ミスもあるし、抜けたところもあったりしますが、ひとつのしっかりとした芯を持っているのです。それは、「お客様視点がぶれない」という店長として大切な軸です。

例えば、三宅店長と私が電話をしていると、2回に1回は、「社長、すみません。お客様が入店されたので、またかけ直します！　ガチャッ、プープープー」すぐに切られます……。社長の私との重要な電話でも、もちろんお客様が来られたら、お客様最優先です。

また、私が店を訪問し、三宅店長と店で仕事の話をしていても、お客様を見つけると、会話が盛り上がっていても、「社長、お客様が、すみません」と、スーッとお客様のほうへ行ってしまいます。

こんなこともありました。私と男性マネージャーが、店の前で陳列を見ながら話し込んでいたら、近寄ってきて「社長、すみません。ちょっと店の前は遠慮いただいてもよろしいですか？」とさりげなくいってきます。レディスショップの前で、スーツを着た男性2人が難しそうな顔をして話していたら、お客様が入りづらいといいたかったのです。

「店の前に立たないで」といわれたらムッとする社長もいるでしょうが、私は、三宅店長はすごいと思いました。三宅店長の**ぶれない「お客様第一の視点」は、店長の軸として最も大切なこと**だと思ったからです。

会社の社長が来ても、メーカーの部長が来ても、お客様が店での優先順位第一ということに、ぶれがあってはいけないのです。

この考えがぶれないからこそ、三宅店長は、10年間も店長として力を発揮し、仕事にやりがいを抱き、スタッフもついてきているのです。

だからこそ、社長である私も三宅店長を信頼しているのだと思います。

スタッフがついていきたい愛される店長の最大のスキル、それは、お客様視点がぶれないことなのです。

□店長は完璧を目指さなくていい

私は、何百人もの優秀な店長たちを見てきました。そして実際に、百人以上の店長を自分の会社で育ててきました。

もちろん、私自身も店長として、スタッフと一緒に店をつくり上げてきました。

その経験からいわせていただきますが、**完璧な店長なんて目指してはいけません。**

完璧な人間が存在しないように、完璧な店長なんて存在しないからです。

スタッフを引っ張ろう！　と、自分に負荷をかけるのもやめましょう。そう思えば思うほど、うまくいかなくなっていきます。人には持って備わった気質や個性があります。その気質や個性を無視して、まったく違う人格を目指したところでうまくいかないと思います。

「店長とは、明るくて、へこたれず、部下を引っ張る強いリーダーシップの持ち主でなくてはならない」という理想は捨てましょう。

そんな店長はいないとはいいませんが、少数です。多くの店長は、スタッフを引っ張るというより、スタッフを活かし、スタッフに助けてもらっている店長たちです。

私たちは、強い店長という理想を頭につくり上げ、それに振り回されるから、スタッフが見えなくなり、溝ができていくのだと思います。

強い店長像を追うがあまり、大切な自分を活かすことができなくなり、スタッフ一人ひとりを見ることができず、その結果、うまくいかなくなるのです。

愛される店長とは、理想の強い像にむりやり姿を変えるような「変身」ではなく、**等身大の自分を活かし、「進化」させている店長**なのです。

強がった虚像店長を装っても意味はありません。そんな虚像はスタッフが見抜きます。それよりも自分を磨き、今の自分をより適正な方向に進化させていくことが必要です。

おとなしい店長でもいいじゃないですか。いざというときに、頼りになる落ち着いた店長になればいいのです。

優しい店長でもいいじゃないですか。スタッフのよいところを見つけて褒めて、やる気を与える店長になればいいのです。

おっちょこちょいな店長でもいいじゃないですか。ちょっと抜けてるけど、人間味のある店長になればいいのです。

ちょっと軽い三枚目店長でもいいじゃないですか。店に笑いをつくるムードメーカーな店長になればいいのです。

進化とは、そういうことです。

進化とは、短所に見える部分を長所にまで昇華させることです。

おとなしい店長が、強い店長に憧れて目指しても結果は出ないでしょう。変身願望が大き過ぎるとかえって失望してしまいます。

本書で紹介してきた、我が社の岩本店長も、小原店長も、三宅店長も、中川店長も、性格もそれぞれ違い、得意なことも違います。そして、完璧な店長は誰ひとりいません。

ただ、愛される店長に共通していることは、自分は「完璧じゃない」ことを理解し、「完璧になれない」ことも理解していることです。

完璧じゃないからこそ、スタッフと一緒に店をつくるのです。
完璧じゃないからこそ、スタッフに助けてもらうのです。
完璧じゃないからこそ、スタッフに感謝するのです。
完璧じゃないからこそ、スタッフがついてくるのです。
完璧じゃないからこそ、自分を磨くのです。

肩の力を抜いて、自分を見つめ、スタッフに感謝し、自分を磨いていく。それが愛される店長です。人間は誰もが、完璧じゃないんですから。

□店長は、やっぱり楽しい！

楽な仕事と楽しい仕事は違います。店長という仕事は、決して楽な仕事ではありません。楽な仕事を求める若者が多くなったように感じる昨今、店長という職は人気のある仕事ではなくなってきているかもしれません。どんな仕事でも人の上に立つことは、決して楽な仕事ではないのです。

私は、「楽な仕事」の基準がわかりません。

忙しくなくて、責任もなくて、そこそこ給料がもらえる仕事を楽な仕事という人がいるかもしれませんが、私にとっては、忙しくなく責任もない仕事なんて、苦痛な仕事としか思えません。

また、忙しくて、責任がある仕事を、「苦しい仕事」ととらえる人がいるかもしれませんが、私にとっては、忙しくて責任がある、これほど楽しい仕事はありません。

楽とか苦しいとかは、あくまで人それぞれの主観でしかありません。

話は戻りますが、店長という仕事は、決して楽な仕事ではありません。しかし、これだけはいえます。店長という仕事は、楽しい仕事です。

実は、楽しい仕事の条件で絶対に必要なのが、「仕事のつらさ」なのです。

「えっ？　楽しい仕事には、つらさが必要？」と首をかしげる方もいるかもしれません。

これは、**つらさというスパイスがなければ、楽しさも感じられない**ということです。

例えば、2つの高校の野球部があります。

一方は、楽な練習ばかりをしていましたが、まぐれで甲子園に出場したとしましょう。

もう一方は、日々つらい練習をこなし、そのつらさにときには辞めようかとも思いながらも、精一杯やり抜き、その甲斐あって甲子園に出場しました。

どちらとも甲子園出場という大舞台に立ちましたが、さて、どちらの高校が楽しい野球生活だったでしょうか？

もちろん、後者の野球部のほうが楽しみややりがいがありますよね。

前者の野球部と同じような仕事を「楽な仕事」といい、後者の野球部と同じような仕事を「楽しい仕事」ということができるのではないでしょうか。

楽しい仕事が成立するためには、必ず「つらさ」というスパイスが必要なのです。

つらさ、大変さ、厳しさ、そんな要素もすべて含めて、「やっぱり楽しい！」と思えることができたら素晴らしいことです。

楽な仕事と楽しい仕事は違います。

最後にもう一度書かせてください。

私は、店長職は決して楽な仕事ではないけれど、とても楽しい仕事だと思っています。

□店長として成長する前に、人として成長すること

本書でこれまで書いてきたことは、従来の店長マニュアルには書いてないことばかりだったと思います。**文字にするのが難しいこと**を書いたつもりです。

店長としてのスタッフやお客様への接し方の基本やノウハウを求めて読まれた方には、少し調子が違ったかもしれません。

私は、前作の『「ありがとう」といわれる販売員がしている6つの習慣』を書いた後、たくさんの方から、「この本は、販売のことも書いてあるけど、道徳的な本ですね」、「販売ス

キルと同時に自己啓発の本ですね」といわれました。

それを聞いて、私はうれしく感じました。

私の真意が伝わった気がしたからです。

「販売員である前に、人として信頼されなければならない」。これが、私が販売員の方に向けて、本を通して発したメッセージです。


このメッセージは、店長向けとなるとより濃くなります。

「店長として成長することは、人として成長することである」という想いです。

店長の業務マニュアルを見てにらめっこしているくらいなら、もっと本を読んだり、映画を見たりして、心を磨き、ビタミンを与え、感動したほうがいいと思っています。

人として試されている仕事。それが、店長であると思います。

店長に向いている、向いていないなんてありません。

中高生時代に生徒会長になるような、クラスで目立って、明朗快活な人だけがリーダーに向いているわけではないのです。

いろいろなタイプのリーダーが実際には存在し、スタッフからの信頼を得て、いきいきと仕事をしています。

その中で、愛されている店長に共通しているのは、**スタッフを思いやる気持ち**です。

相手を思いやるとは、ときに叱り、ときに慰め、ときに励まし、ときに苦言を呈し、ときに見守り、ときに褒める。

形はさまざまですが、相手の状況に合わせて、相手にとってよりよい接し方を選択し、表現してあげる懐の深さだと思うのです。

それゆえ、技術やノウハウも、マニュアルもないのです。

相手のことを思いやる気持ちは、そのままあなたの魅力につながり、あなたの人格を上げていきます。これは究極の自分磨きなのです。

せっかくいただいた「店長」という仕事。この仕事を、**人生におけるかけがえのない「自分磨き」の場**としていきましょう。

おわりに

本書を最後までお読みいただき、ありがとうございました。

私が大学3年生のときに、東京新宿のメンズアパレルショップで、はじめて販売という仕事に就いてから、かれこれ25年となります。

その経験の中で、〝店仕事の永遠の二大テーマ〟だと感じているのが、販売員の「販売の悩み」と、店長の「部下育成の悩み」です。

そこで私が、販売員向けに、販売の持論を展開した処女作『「ありがとう」といわれる販売員がしている6つの習慣』を発売させていただいたのが、1年半前。

「販売員の悩み」が少しでも解決できればという思いで書かせていただき、おかげ様で多くの販売員の方に手に取っていただけました。ここで心より感謝申し上げます。

そこで私は、もうひとつのテーマである店長の「部下育成の悩み」の本を、どうしても書きたいと思うようになりました。

そのきっかけは、本書の冒頭にも書いた「店長になりたくない販売員」が増えたことです。販売の現場は、常に販売員不足です。よって、店の管理と運営をしながら、部下も育成し、休みも返上で働く店長が急増しています。しかも、時代の不況が相まって、頑張っても、頑張っても、店の売上は上がらないのが現状です。

これでは、店長は自信をなくし、元気がなくなるのも当然です。結果、その姿を見ているスタッフが店長に憧れるなんてことはないと実感したのです。


だからこそ、私の想いはひとつです。

「店長職はやっぱり楽しい仕事だから、元気になろう！」ということです。

店長が元気じゃないと、スタッフはもちろん、お客様も元気になりません。

前述しましたが、店長は決して楽な仕事ではありません。だけど、楽しい仕事です。本書で、その楽しさが少しでも伝わってほしいと切に願っています。

私の想いが、伝え切れたのか、その判断は、読者のみな様に委ねることとなりますが、今一度、そんな想いで書き上げた本書を最後まで読んでいただきましたことに心より感謝申し上げます。

前著に続いて、本書の執筆に際しても、叱咤激励いただきました「サトーカメラ」専務、佐藤勝人様。そして、本書にも多数登場いただいた、私の人生の師匠であり、商売というものを教えていただいた「やまと」の大澤夏樹様。まずは尊敬するお二人に心より感謝申し上げます。

本書を世に出すにあたり、本企画をご快諾いただいた同文舘出版の古市編集長、私の想いを一緒に形にしてくださった担当編集の津川さん、言葉で言い尽くせないくらいの感謝です。同文舘出版のみな様方に心より感謝申し上げます。ありがとうございました。

私の修行先でもあり、商売を教えてくださった「やまと」のみな様、本当にありがとうございました。

また、神戸レザークロス株式会社のみな様、郵便局株式会社東京支社のみな様、事例を紹介させていただきまして、誠にありがとうございます。

そして我が社、リリィコーポレーション、リミーナインターナショナルの従業員のみなさん、社長の私を支えてくれて、本当にありがとうございます。いつも感謝しています。

私に仕事の厳しさと楽しさを教えてくれた両親。いつも支えてくれている妻、3人の娘たち。愛犬・クッキーとジョイ。家族のみんな、本当にありがとう。

最後に、本書を読んでいただいたすべての店長たちに、この言葉を捧げたいと思います。

〝人は人でしか、磨かれない〟

2012年　3月

柴田　昌孝

著者略歴

柴田 昌孝（しばた まさたか）

ネサンス・コミュニケーションズ・クラブ 代表
販売トレーナー、セミナー講師、店舗コンサルタント／メンタル心理カウンセラー

富山県出身。大学卒業後、大手呉服チェーン「きものやまと」入社。トップセールスとして活躍後、30歳で退職。富山でレディース洋装店の家業を継ぐ。1店舗から10年で42店舗、150名、売上30億、2社のグループ企業に成長させる。経営のかたわら、販売員の育成にも注力し、300を超える講演を行なう。2012年から金沢文化服装学院の非常勤講師や、月刊『ファッション販売』（商業界）の連載執筆者として活躍。近年、心理カウンセラーの資格を取得し、販売員の心のケアにも着手。現場に精通するカリスマ社長の活動は「販売員の代弁者」と熱く支持される。
2017年に大病を患い、手術と長期治療を決意し、グループ会社を清算。その他の全活動を休止。約1年の療養生活を経て、接客販売コンサルティング「ネサンス・コミュニケーションズ・クラブ」を設立、代表となる。「販売員を元気に！」のポリシーのもと、活動する。
著書に『「販売は楽しい！」を実感する 売れる販売員の新しい習慣』、『「ありがとう」といわれる販売員がしている6つの習慣』（共に同文舘出版）などがある。

講演・研修セミナー、後継者育成、店舗クリニック、売上アップ店舗コンサルティング、店長・販売員カウンセリング、覆面調査等、お気軽にメールでご相談ください。

ネサンス・コミュニケーションズ・クラブ　http://www.naissance-c.club
富山県南砺市山見京願1975-2　電話：0763-82-0227　メール：shibata@lily-c.jp
柴田昌孝の「販売道 即 人道」ブログ　https://ameblo.jp/shibamasa0119/

スタッフを活かし育てる女性店長の習慣
「愛される店長」がしている8つのルール

平成24年 3 月23日　初版発行
平成30年11月 5 日　7刷発行

著　者 ―― 柴田昌孝

発行者 ―― 中島治久

発行所 ―― 同文舘出版株式会社

東京都千代田区神田神保町 1-41　〒101-0051
電話　営業 03（3294）1801　編集 03（3294）1802
振替 00100-8-42935　http://www.dobunkan.co.jp

ISBN978-4-495-59731-3
印刷／製本：萩原印刷
Printed in Japan 2012